Título: **Questões de Gramática do Português**
Autora: **Helena Mateus Montenegro**

ISBN: 978-972-8612-90-0
Editor: Universidade dos Açores

ISBN papel: 978-84-686-6225-1
ISBN digital: 978-84-686-6226-8
Impreso em Portugal / *Printed in Portugal*
Editado por Bubok Publishing S.L. 2015

Ad familiares

ÍNDICE

"Diz-me como falas e escreves, dir-te-ei quem és. Mais: descobrirás que poder tens, ou não tens."

António M. B. Machado Pires, "Introdução", *in Português para Todos – a gramática na comunicação (2005: 16).*

Nota Introdutória

Questões de Gramática do Português é uma edição em linha de um conjunto de textos sobre problemas da língua portuguesa nas áreas da ortografia, pontuação, sintaxe, semântica e léxico. São textos sem um grande aparato metalinguístico, uma vez que a maior parte foi publicada em jornais, com o objetivo de cativar o interesse dos leitores para a resolução de dúvidas com as quais muitos se debatem quotidianamente.

Assistimos hoje a um descuido linguístico generalizado: a pressa do comentário em cima do acontecimento, em cima da hora, correspondente à aceitação passiva de que "o importante é passar a mensagem, independentemente da correção da língua", tem levado àquilo a que apelidamos de "desgramaticalização da língua portuguesa – do desvio ao erro".[1]

Delimitar ou até distinguir "claramente aquilo que se inscreve num lento processo de mutação linguística assumida por uma comunidade e o erro mais ou menos avulso e efémero" nem sempre é tarefa fácil, como admitem Peres e Moia, em *Áreas críticas da língua portuguesa* (1995: 14).

A dificuldade acima enunciada não deverá, contudo, levar os responsáveis pelo ensino da língua materna a desistir de influenciar o correto uso da nossa língua. É esta a principal razão da publicação destes textos numa edição em ciberlivro.

A maior parte dos textos incluídos nestas *Questões* foi publicada no *Suplemento de Educação* do *Correio dos Açores*, na rubrica "Português para Todos", entre 2003 e 2009. Também uma parte dos textos viram a sua

---

[1] Montenegro, H. M. (2005). *Português para Todos – A Gramática na Comunicação*. Mirandela, João Azevedo Editor. pp. 19-26.

publicação numa edição em papel, em 2005, sob o título *Português para todos – a Gramática na Comunicação*, com Introdução de António M. B. Machado Pires.

Para além de todos os textos terem sido alterados para a nova ortografia, também algumas partes foram reescritas, privilegiando a clareza do artigo.

Esta edição destina-se a todos os falantes de português que queiram tirar dúvidas sobre algumas importantes questões da gramática do Português Europeu, não deixando, contudo, de poder vir a seu um instrumento de trabalho para alunos dos diferentes ciclos dos Ensinos Básico e Secundário, bem como de estudantes universitários de qualquer área disciplinar.

Defendemos que o ensino universitário em Portugal deve privilegiar o uso quer escrito, quer oral da língua materna do país, sob pena de, no anseio da internacionalização, ao pressionar o Inglês como língua veicular do ensino universitário em Portugal, se vir a influenciar de modo drástico o enfraquecimento do Português como língua de comunicação, de cultura e de ciência.

1. O (des)valor do erro ortográfico[1]

Todos nós nos deparamos quotidianamente com erros ortográficos de natureza vária, desde a simples gralha ou lapso ao erro sistemático. Devemos, sem dúvida, deter a nossa atenção sobre os erros sistemáticos, pois são esses que devem ser banidos.

Como é sabido, a ortografia designa a maneira correta de escrever as palavras de uma língua segundo as normas instituídas, e, no caso concreto, o adjetivo 'correta' deve ser lido na sua referência absoluta, i.e., "correta" não pode significar senão 100% de correção. Se não se associar ao vocábulo ortografia correção gráfica, então não temos ortografia; temos sim um desconjunto de letras e de diacríticos que cada qual usa a seu modo. Naturalmente que falar de ortografia e correção ortográfica, na era de *sms*, *blogues*, entre outros, e dos corretores ortográficos, é como falar do papel da tabuada e do cálculo mental na era da calculadora.

Apesar de convivermos com novas realidades e ferramentas de escrita, não podemos aceitar que a nível oficial o erro ortográfico seja de tal modo desvalorizado, só se lhe dando algum valor quando e só quando o que estiver em causa for a avaliação precisamente da ortografia. Recorde-se a declaração emanada do Gabinete de Avaliação Educacional sobre a ausência de penalização de erros ortográficos na parte das provas de aferição, de maio de 2007, dedicada à interpretação de texto. Fonte do GAE afirmou então: "Não faz sentido penalizar a incorreção ortográfica na primeira parte, quando o que se pretende perceber é se o aluno compreendeu ou não o texto. Se uma dessas perguntas tiver zero porque tem um erro não conseguimos avaliar se o aluno percebeu o texto".

É evidente que um erro ortográfico não pode significar liminarmente ausência de compreensão de um texto, no entanto, o que se sanciona com afirmações e atitudes como as acima expostas é o desvalor do erro ortográfico em todo o sistema de Ensino. Se há um espaço próprio para se exigir correção linguística, esse espaço é o do Ensino, exigência que deve ser feita sobretudo a professores e alunos.

Um novo ano letivo já começou e com ele as velhas-novas situações se colocam, neste caso, em relação às questões ortográficas. Em teoria, todos defendem que não é só o professor de Português que deve corrigir a expressão escrita dos alunos, que todos os professores de qualquer grau de ensino têm o dever de falar e escrever corretamente, bem como de corrigir os seus alunos, contudo, na prática, muitas vezes, a falta de atenção à correção linguística por parte dos professores é muita.

Tive oportunidade, ao ler uma ficha de trabalho do 2.º Ciclo, de uma disciplina que não a de Português, passada aos alunos no início deste ano letivo, de verificar que o docente responsável pela realização da ficha havia escrito "os *sintos de segurança*". Tal qual! Um piscar de olhos, um encolher de ombros e "Não há problema, não está a ser avaliada a ortografia dos alunos!" Não. Decididamente não podemos continuar a encolher os ombros em casos como este, porque os erros ortográficos afetam a atestação e o reconhecimento das palavras, sobretudo em idades em que ainda não estão completamente interiorizadas as regras ortográficas. É evidente que poucos alunos terão dado pelo erro conscientemente, mas, em contrapartida, tê-lo-ão registado na sua mente e na próxima vez que escreverem *cinto*, a hesitação levá-los-á, por ventura, a cometer um erro.

Poder-se-á acrescentar que as hesitações ortográficas são inúmeras e todos os professores terão abundantes listas de erros, muitos inventados pelos alunos mesmo quando copiam do quadro, como o caso de *ficha de diagnóstico* que passou a *ficha de agnóstico*. Duvido que uma criança de dez anos saiba distinguir os conceitos de "diagnóstico" e "agnóstico", mas talvez que o esclarecimento da palavra *diagnóstico*, na altura própria, tivesse promovido a correta ortografia e a não futura confusão das duas palavras.

A aprendizagem da ortografia do Português, que engloba, para além da grafia propriamente dita, a acentuação, a translineação e o uso de maiúsculas e minúsculas, é um processo que requer muito esforço e atenção, tanto mais que há casos de palavras homófonas (palavras com o mesmo som e sentido diferente – *cinto* / *sinto*) e parónimas (som e grafia aproximados e sentido diferente – *princípio* / *principio*) verdadeiramente difíceis de reconhecer.

Se ao aluno não for exigido que escreva com correção ortográfica em qualquer situação de escrita, visto não ser atribuída a esta componente da gramática valor significativo, este não sentirá qualquer necessidade de autocorrigir os seus erros e continuará durante toda a sua vida escolar a reproduzir os mesmos erros. As consequências já estão à vista: a proliferação de erros ortográficos em textos de natureza vária, de entre os quais destacamos os textos oficiais e os publicados na Comunicação Social, nomeadamente as "legendas na hora" nos jornais televisivos.

A maneira como se escrevem as palavras revela, sem dúvida, o nosso domínio e conhecimento da língua materna. Ao lermos *Conselho de Nordeste* por *Concelho de Nordeste*, não podemos deixar de pensar que quem o escreveu nunca recebeu *conselhos* ou nunca os aceitou; que nunca tratou de *questões concelhias*. Quer isto significar que nestas como em tantas outras palavras, as palavras guardam na escrita um "ar de família". Se o verbo *analisar* se escreve com 's', então o substantivo *análise* também se escreve com 's', e, como é evidente, qualquer pessoa gramatical do verbo *analisar* mantém o 's', nunca o alterando para 'z'; se *cesto* se escreve com 'c', então escreva-se *cesta* e não *sesta*, a não ser que se queira significar "o tempo de descanso à hora de maior calor" e já não "recipiente para transportar objetos", logo *cesta* e *sesta* são parónimas, tendo sentidos diferentes; se se escreve *percorrer* então escreva-se *percurso* e não *precurso*. Neste caso, poder-se-á acrescentar que *pre* se associa ao prefixo *pre-* que significa "o que está antes", enquanto *per* provém da preposição latina *per* que significa "através de, por".

Destes breves exemplos, podemos concluir que há uma motivação ortográfica, muitas vezes etimológica (origem da palavra), que se perde quando se dá pouca ou nenhuma importância à ortografia, dificultando, a quem lê, o reconhecimento da palavra, logo a sua interpretação.

Mas nem todos os casos de erros ortográficos se resolvem com o conhecimento de palavras da mesma família, casos há em que é fundamental aliar a ortografia à morfologia e à sintaxe. Caso paradigmático é o de *escreve-se* e *escrevesse*, *fala-se* e *falasse*, ou seja, a diferença entre a escrita da forma verbal com hífen *se*, ou com dois *ss* sem hífen. Temos dois processos de reconhecer esta diferença: o primeiro é o morfológico – *escreve-se* e *fala-se* são formas do presente do indicativo, na terceira pessoa com pronome pessoal indeterminado *se*, enquanto *escrevesse* e *falasse* são formas da primeira ou da terceira pessoa do singular do pretérito imperfeito do conjuntivo; o segundo processo é sintático – *escreve-se* e *fala-se* podem ser substituídos por "alguém escreve" e "alguém fala", podendo ocorrer em frases simples (*Escreve-se com muitos erros.*). Por sua vez, *escrevesse* e *falasse* empregam-se, como é próprio do pretérito imperfeito do conjuntivo, em frases subordinadas, neste caso canónico, nas subordinadas condicionais (*Se escrevesse melhor, o Rui tinha passado no exame.*), não podendo ocorrer em frases simples (**Falasse bem.*)

Outros erros podem ser solucionados pela semântica, por exemplo, a diferença entre *há* e *à* é reconhecida por, no primeiro caso, a forma do verbo *haver* indicar existência, daí o seu emprego em expressões de tempo como *há vinte anos; há cerca de três meses*, enquanto *à* remete para a preposição *a* contraída com o artigo definido *a*, que se associa sobretudo a um valor de destino ou de destinatário (*A Paula foi **à praia**.; A Rita deu o livro **à Ana**.*).

As regras ortográficas são muitas e têm mudado com "acordos" e "desacordos" ortográficos, todavia as dificuldades que os alunos e professores sentem em sistematizar e dominar a ortografia do Português não devem ser tomadas como argumento para a desvalorização do erro ortográfico quando ele deveria ser banido no lugar e tempo próprios – o da escolaridade.

2. Publicidade e correção linguística[1]

No nosso dia a dia somos bombardeados com panfletos publicitários de cores e *design* irrepreensíveis, mas já o mesmo não poderá ser dito em relação às opções linguísticas dos publicistas. Entusiasmados com o princípio de que em publicidade tudo é permitido linguisticamente, estes profissionais revelam, por vezes, um total desconhecimento das regras gramaticais, bem como das máximas da comunicação.

Recentemente, a Transportadora Aérea Nacional - TAP, para divulgar dois voos diários para Hamburgo e Sevilha, mimou-nos com o seguinte texto: "Mandaram-lhe ir dar uma volta? Dê duas." Nestas frases há um erro gramatical que poderá passar desapercebido a muitos, porém há um erro crasso quanto à "máxima de delicadeza" que será imediatamente reconhecido por qualquer leitor.

Comecemos pela "máxima de delicadeza" que impõe um tratamento não ofensivo ao destinatário da mensagem. "Mandar alguém ir dar uma volta." só se emprega quando queremos ofender o nosso destinatário, nunca quando pretendemos chamar a sua atenção nem, muito menos, quando o objetivo é tornar o destinatário nosso cliente. No contexto em causa, a frase torna-se tanto mais ofensiva por se apresentar na forma interrogativa, o que em princípio seria uma boa intenção – a de fazer com que todo e qualquer leitor se revisse na mensagem – veio a tornar-se a morte do artista, pois nenhum leitor quererá identificar-se com o tal a quem mandaram ir dar uma volta.

O recurso a frases feitas, a aforismos ou a provérbios é muito frequente na publicidade, podendo mesmo ser estruturante da relação entre emissor e destinatário, uma vez que se pretende que o destinatário se reconheça nessa fórmula e se identifique com o novo *slogan* gerado. Acrescente-se, contudo, que um mau enquadramento das frases feitas, dos aforismos ou dos provérbios pode matar uma boa ideia publicitária. Quanto ao erro gramatical na frase

---

[1] Publicado no Suplemento de Educação, in *Correio dos Açores* (13.03.2008).

"Mandaram-lhe ir dar uma volta?", este decorre do facto de o verbo 'mandar' permitir duas construções sintáticas distintas: *mandar alguém + verbo no infinitivo* e *mandar a alguém + substantivo*. Observemos as frases "A Joana mandou **o Rui** trazer o livro." e "O tio mandou um telemóvel **ao sobrinho**." Na primeira frase *o Rui* é complemento direto do verbo *mandar*, enquanto na segunda frase *ao sobrinho* é complemento indireto do mesmo verbo. Assim, *o Rui* deve ser pronominalizado na forma *o*, forma de complemento direto do pronome pessoal, e *ao sobrinho* deve pronominalizar-se na forma ***lhe***, forma de complemento indireto do pronome pessoal. Temos então: "A Joana mandou-**o** trazer o livro." e "O tio mandou-**lhe** um telemóvel."

Fácil se torna concluir que o ***lhe*** de "Mandaram-lhe ir dar uma volta?" deve ser um *o*, mas por razões de ordem fonológica, ou seja, da relação entre os sons, a forma correta será *no*, visto o verbo terminar na consoante nasal /m/. A frase correta gramaticalmente é "Mandaram-**no** ir dar uma volta?", todavia, como antes foi assinalado, a nível pragmático esta frase é inaceitável no contexto em causa. O erro gramatical vem reforçar a "falta de delicadeza" com que é tratado o destinatário.

Um outro caso de menor felicidade linguística deu-se com a campanha publicitária do Terminal 2 no aeroporto da Portela. Fomos informados de que "Amigo não empata *friend*". Ora, mais uma vez o contexto e a situação seriam privilegiados na frase "*Friend* não empata amigo", na medida em que era suposto vir o Terminal 2 beneficiar "os amigos", os que viajam "cá dentro", logo deveriam ser "os *friends*" a não empatar "os amigos" e não vice-versa. A ordem das palavras é importante para o sentido de qualquer frase. Embora ambas as frases estejam gramaticalmente corretas, não têm o mesmo valor semântico e pragmático. Neste caso concreto, porém, veio a verificar-se que a frase publicitária não era enganosa: no Terminal 2, efetivamente "Amigo não empata *friend*, mas *friend* empata amigo." Basta apanhar um voo para Ponta Delgada com destino a Boston, para se ver instalado o caos, passando todos os passageiros a serem tratados como se viajassem para o estrangeiro.

São inúmeros os exemplos de textos publicitários feitos à pressa, ou mal pensados. Não pretendo realizar um cardápio de frases menos conseguidas, no entanto não resisto a presentear o leitor com mais um exemplo de como a boa formação linguística passa ao lado deste tipo de texto.

Na publicidade de uma empresa de tratamento da imagem, encontrámos no texto que publicita as suas atividades a pressa em transmitir o máximo de informação ao seu destinatário numa única frase complexa. Leia-se o texto:

"Caracterizamo-nos sobretudo, pelas engenhosas soluções criativas, pela rapidez, experiência e competência que aliamos às relações de parceria que estabelecemos com os nossos clientes, relações que passam por um compromisso com elevado padrão de inovação, qualidade, satisfação e sucesso dos mesmos, permitindo-nos a interação necessária à criação de uma imagem Integrada, Criativa e Forte que dê resposta aos desafios que nos são colocados. Por tudo isto constam no nosso portfólio de clientes nomes como: (...)"

Este texto levar-nos-ia a um longo comentário que se pode resumir na frase: Quem o escreveu não sabe escrever! Logo na primeira frase temos uma vírgula a mais ou uma vírgula a menos, ou se coloca *sobretudo* entre vírgulas, de modo a não separar o complemento *pelas engenhosas soluções criativas* do verbo respetivo *caracterizamo-nos*, ou então retira-se a vírgula a seguir a *sobretudo*.

Portefólio é um empréstimo do Inglês *portfolio* cujo aportuguesamento da grafia conduz a **portefólio** e não a *portfólio*, indicando quer "carteira de clientes", como sugere o contexto, quer "pasta utilizada para guardar papéis" ou "o conjunto dos documentos sobre um dado assunto guardados numa pasta". Quanto à grafia deste termo, muitas vezes encontramos a forma híbrida *portfólio*, contudo deve optar-se ou por manter a grafia original em itálico *portfolio*, sem acento, ou, aconselhavelmente, utilizar-se a grafia aportuguesada **portefólio**, com 'e' depois do 't' e acento no 'ó'.

Numa frase tão enredada, referir-se aos clientes como "os mesmos" não parece a forma mais feliz. De grande infelicidade é também a frase final (*"Por tudo isto constam no nosso portfólio de clientes nomes como:"*), pois o universal *tudo isto* pode revelar-se um excesso pela negativa, para além de obrigar o destinatário a reler todas as qualidades da empresa para decifrar o sentido de *tudo isto*. Mais feliz seria uma frase do tipo *"Por todas as nossas qualidades..."*

Mas, o pior do texto é o encadeamento das frases, o excesso de orações relativas (*que aliamos às relações de parceria / que estabelecemos com os nossos clientes, relações / que passam por um compromisso com elevado padrão de inovação, qualidade, satisfação e sucesso dos mesmos; uma imagem Integrada Criativa e Forte / que dê resposta aos desafios / que nos são colocados*) e o abuso de substantivos coordenados (*rapidez, experiência e competência; inovação, qualidade, satisfação e sucesso*).

Uma forma prática de se detetarem as repetições num texto é lê-lo em voz alta, pois o ouvido é um bom conselheiro quando minimamente treinado. E mesmo em publicidade, a repetição excessiva é prejudicial à mensagem pretendida.

Haverá solução para esta frase em ladainha, ou o melhor não será reter a ideia essencial e reescrever o texto novamente?

Façamos um exercício de reescrita.

"Caracterizamo-nos pela experiência e competência que aliamos às relações de parceria com os nossos clientes. Privilegiamos compromissos com elevado padrão de inovação e qualidade. Visamos a satisfação e o sucesso dos nossos clientes, criando uma imagem Integrada, Criativa e Forte. A todos os desafios damos uma rápida resposta através de engenhosas soluções criativas. O nosso portefólio de clientes é o certificado da nossa competência."

Este exemplo de reescrita é apenas isso, um exemplo, e não o exemplo, em que se optou pela frase simples, mais fácil de fixar, conseguindo-se evitar todas as repetições desnecessárias, o que permitiu reduzir o texto de 506 carateres para 438 carateres. Manteve-se bem presente as formas verbais na 1.ª pessoa do plural e o determinante possessivo *nossa; nossos*, excelentes recursos para acentuar, por um lado, o trabalho coletivo na empresa e, por outro, a empatia com os clientes.

Embora a imagem em publicidade seja muito poderosa, sendo o texto visto como seu subordinado, não podemos deixar de sublinhar que a correção linguística deve estar presente em toda a produção textual dirigida a qualquer tipo de público.

3. Ortografia e falsos homógrafos[1]

Habituamo-nos a aceitar as palavras incorretamente escritas quase como uma fatalidade dos nossos tempos. Mesmo os bons alunos raro apresentam um texto escrito à mão imaculado de erros – tudo fica no domínio da distração e do lapso. Erros só o computador os comete porque, se os corretores ortográficos vão fazendo o seu papel, ainda não estão em aplicação corretores morfológicos e sintáticos que deem conta da complexidade da estrutura frásica do Português.

Os professores da disciplina de Língua Portuguesa têm vindo a assistir passivamente ao proliferar de todo o tipo de erros ortográficos. E os alunos de hoje, profissionais de amanhã, ilusoriamente fazem de conta que sabem escrever. A iliteracia começa na própria ortografia. A ortografia não é mais do que uma convenção base da escrita, congregando esta última vários códigos – escrever corretamente implica conhecimentos de ortografia, pontuação, sintaxe, semântica e léxico. Imaginar-se que se escreve bem e não se dominar as regras ortográficas da sua própria língua é no mínimo pura ilusão.

Homografia e homofonia

Na Língua Portuguesa há um grande número de palavras homógrafas, palavras que têm a mesma grafia, mas significado diferente, como **banco** (banco de jardim ou instituição bancária...). A par destas temos palavras homófonas, aquelas que se pronunciam da mesma maneira e se escrevem de modo diferente, como, por exemplo, **houve** (haver) e **ouve** (ouvir). Ora, o que tem vindo a acontecer é que muitas palavras passaram de homófonas a homógrafas sem qualquer homologação, ou seja, escrevem-se incorretamente da mesma maneira palavras que têm diferente grafia.

Quando deparamos com frases do tipo *Houve festa.* e *Ouve festa.*, diremos que na segunda se omitiu o **h**, a não ser que se tenha omitido o artigo **a**

---

[1] Publicado no Suplemento de Educação, in *Correio dos Açores* (19.06.2003), e Montenegro, H. M. (2005: 42-46).

depois do verbo e então distinguiríamos o sentido das duas frases: *Houve festa* e *Ouve a festa*! Embora seja mais frequente retirar o **h** à 3.ª pessoa do singular do pretérito perfeito do verbo **Haver**, nestas confusões ortográficas também já vimos o inverso, como em **Houve o que te dizem*!

Escrever o verbo **faltar**, ou outro, da mesma maneira em contextos diferentes, como em *Falta-se muito à escola.* e *Se o João *falta-se muito não teria boas notas.*, passou a ser frequente. É evidente que a forma do verbo **faltar** nas duas frases não é nem homógrafa nem homófona – em **falta-se** o acento tónico recai no primeiro **a**; em **faltasse** o acento tónico recai no segundo **a**. Não se poderá, assim, justificar o erro pela homofonia da forma verbal, nem tão pouco se poderá dizer que se trata de um simples erro ortográfico.

Escrever corretamente o verbo na segunda frase (*Se o João faltasse muito, não teria boas notas.*) implica conhecer-se, por um lado, a morfologia do pretérito imperfeito do conjuntivo e, por outro, que as frases condicionais, introduzidas pela conjunção *se*, exigem o verbo no modo conjuntivo. Logo este erro ortográfico é resultante do desconhecimento da morfologia do verbo, bem como da estrutura da frase condicional.

A falta de conhecimento da morfologia verbal não se estende apenas a todos os tempos do conjuntivo, também se evidencia em tempos do indicativo. Por exemplo, a forma de 3.ª pessoa do plural do futuro do indicativo tem surgido com grafia idêntica à da 3.ª pessoa do plural do pretérito perfeito do indicativo, ou seja, em vez de **deverão** escreve-se **deveram**. Imagine-se que a seguinte frase surgia num contexto bancário, tendo dois clientes contraído um empréstimo e devendo pagá-lo ao longo dos próximos dois anos: *Ana F. e João F. deveram a esta instituição 25.000,00 €...*, em vez de *Ana F. e João F. deverão a esta instituição 25.000,00 €...* Quantos de nós não gostaríamos de estar na pele destes devedores? Pois, tomando à letra a forma verbal escrita, não estaríamos a dever nada ao Banco.

Muitos dirão, de ânimo leve, que um acento agudo (´) é gralha de menor importância. Atente-se, contudo, nas frases *Crítica é sempre crítica.* e *Critica e sempre critica.*, e logo nos daremos conta de que a primeira é quase um aforismo

(*Uma crítica, mesmo que leve, é sempre uma crítica.*), enquanto a segunda pode ser uma crítica àquele ou àquela que está sempre a criticar tudo e todos.

Tal irá acontecer com todas as palavras parónimas, isto é, palavras que têm uma grafia aproximada que leva, por vezes, à sua confusão. Mas, se **crítica** e **critica, princípio** e **principio,** para além de terem quase a mesma grafia, também se aproximam semanticamente, outras palavras há que não apresentam o mesmo parentesco. Em *Que divida os seus bens!* e *Que a dívida seja paga!* um simples acento diz-nos do que um tem para dividir e do que o outro não teve para saldar a dívida.

É ainda a proximidade dos sons que leva uns e outros a escrever **ter a haver** por **ter a ver.** As duas locuções subsistem, no entanto têm sentidos distintos: à locução **ter a ver** acrescenta-se a preposição **com,** quando se quer estabelecer uma comparação ou indicar a relação entre duas realidades – *A violência doméstica **tem a ver com** o alcoolismo.*; já a locução **ter a haver** pode permanecer sem preposição ou acrescentar-se a preposição **de** – *O João **tem a haver** dois meses de ordenado. / O António **tem a haver** o subsídio **do** Fundo de Desemprego.* Poderemos inserir o advérbio **muito** junto do verbo **ter** em ambas as locuções e veremos a diferença entre um intensificador – *A violência doméstica **tem muito a ver com** o alcoolismo.*, e um quantificador – *O António **tem muito a haver do** Fundo de Desemprego.*

Da leitura à escrita

Defendem alguns especialistas que se sedimenta a aprendizagem da ortografia pela imitação do que se vê escrito. A ortografia não se aprende, pois, de ouvido. Se não houver contacto visual com a palavra escrita (corretamente), como se poderá imitá-la?

Sem nos alongarmos nas razões do atual estado da ortografia, gostaríamos de partilhar com os leitores a seguinte inconfidência sobre o que mudou no ensino a nível dos textos lidos e analisados nas aulas de Língua Portuguesa. Dantes, há vinte, trinta anos, uma criança de 8 anos lia *A história do macaco com o rabo cortado*; hoje um jovem de 16 anos (10.º ano) lê o conto tradicional intitulado *O macaco com o rabo cortado*. Dantes um jovem de 15 anos lia *Os Lusíadas*; hoje um jovem de 14 anos (8.º ano) lê *A história da Gata Borralheira*.

Dantes os alunos eram penalizados escolarmente por não dominarem a ortografia; eram penalizados socialmente ao não conseguirem aceder a um emprego se a prova de Português contivesse erros ortográficos. Infelizmente, hoje contactamos todos os dias com legendas televisivas anedoticamente escritas, teletextos ortograficamente desinformativos, chegando, muitas vezes, a ser incompreensíveis.

Não será necessária uma aturada pesquisa para recolha de erros ortográficos, pois exemplos de vária ordem encontram-se em todo o tipo de texto escrito. O propósito deste artigo não é o de sistematizar erros ortográficos e apresentar as respetivas correções, mas sim o de alertar para o facto de as "pequenas" incorreções ortográficas estarem a camuflar um desconhecimento da língua materna em domínios de maior complexidade. Se o contacto e imitação dos textos lidos permite ultrapassar as dificuldades ortográficas, só o conhecimento da forma das palavras (morfologia), da estrutura da frase (sintaxe), dos sentidos e relações semânticas entre as palavras (semântica e léxico) conduzirá à autonomia na escrita. Esta autonomia é essencial a todo o cidadão, proporcionando-lhe uma participação ativa na sociedade em que vive.

4. Tem intervindo ou tem intervido?[1]

As formas verbais da Língua Portuguesa são muitas, muito variadas e, ao contrário dos falantes de algumas línguas que, apesar de terem um sistema verbal rico, na prática muitas formas constam apenas da gramática, os falantes do Português contactam diariamente com um vasto leque de verbos e de tempos ou formas verbais.

Entre formas simples e compostas, o Português conta com o impressionante número de vinte e sete formas ou tempos verbais divididas pelos modos indicativo, conjuntivo, condicional e imperativo. Mesmo um falante do Português que não saiba explicitar ou classificar os tempos verbais, utiliza-os intuitivamente, repetindo as formas que foi interiorizando na sua prática linguística.

Como sabemos, a gramática das línguas românicas apresenta muitas semelhanças entre si. Contudo, o uso de determinadas formas verbais constitui uma das principais diferenças entre a gramática do Português e a de outras línguas derivadas do Latim.

Outras línguas românicas ou latinas, por exemplo, têm a forma de infinitivo pessoal ou flexionado, mas não o aplicam. Nós usamo-lo frequentemente sobretudo em frases finais, como *Telefonámos ao João para lhe falarmos no Concerto do Vitorino*.

Outro caso particularizante da Língua Portuguesa é o uso do futuro do conjuntivo simples ou composto, como em *Quando **formos** a Nova Iorque visitaremos a Estátua da Liberdade*, ou *Se **tivermos concluído** o relatório, iremos ao Concerto*.

---

[1] Publicado no Suplemento de Educação, in *Correio dos Açores* (31.05.2007).

Em muitas línguas, as mesmas expressões temporais ou condicionais expressam-se através do modo indicativo, mais simples de dominar.

Precisamente, uma maneira de se observar a qualidade de um orador é verificar se emprega corretamente o modo conjuntivo, pois a percentagem daqueles que usam apropriadamente as diferentes formas do conjuntivo, tanto na oralidade como na escrita, é diminuta.

Também poderemos observar a qualidade linguística de um texto ou de um discurso em Português pelo emprego dos particípios passados. Temos verbos abundantes, quer dizer, verbos que têm dois particípios passados, como: *expulsar – expulsado / expulso; eleger – elegido / eleito; exprimir – exprimido / expresso; isentar – isentado / isento; matar – matado / morto; omitir – omitido / omisso*. Neste caso, emprega-se o particípio passado regular (terminado em *–ado* ou *–ido*) com o verbo auxiliar – *Os EUA **têm expulsado** muitos emigrantes clandestinos.*, e o particípio passado irregular com os verbos auxiliares *ser* ou *estar* – *Os deputados **são eleitos** pelo povo.*

Mas, como não há regra sem exceção, alguns verbos com duplo particípio passado viajaram para o grupo dos verbos com particípio passado irregular. É o caso de *empregue* que, no Português Europeu, é hoje utilizado quer com o auxiliar *ter* quer com o auxiliar *ser*. A forma *empregado* como particípio passado deixou de ser usada. Não se dirá *A SATA **tem empregado** muita gente.*, mas *A SATA **tem empregue** muita gente.* Em contrapartida, já seria correto dizermos *A SATA **tem empregada** muita gente.*, uma vez que estaríamos a utilizar o adjetivo *empregada* a concordar com *muita gente* e não o particípio passado invariável (*empregado*).

Uma outra questão importante no capítulo dos verbos é a dos verbos compostos, determinando-se que um verbo composto a partir de outro verbo conjuga-se da mesma forma do que aquele que lhe deu origem. Assim, o verbo *compor* (sem acento, pois todos os compostos de *pôr* não têm acento circunflexo;

pôr tem acento para se distinguir da forma homófona da preposição *por*, mantendo-se esta distinção na nova ortografia) constrói-se em todas as formas como o verbo *pôr*.

Todavia, mais uma vez, devemos lembrar que não há regra sem exceção e, por vezes, há verbos compostos que numa ou noutra forma divergem das formas dos verbos que lhes deram origem. É o caso do verbo *intervir*, no respeitante ao particípio passado. *Intervir* é um composto de *vir*, pelo que está incorreta a frase *O Diretor interviu a tempo.*, devendo ser *O Diretor **interveio** a tempo.* Já na frase *O Diretor **tem intervindo** a tempo.*, há duas possibilidades: *O Diretor **tem intervindo** a tempo.* e *Diretor **tem intervido** a tempo.*

O certo é que, em muitos manuais de gramática e textos de tirar dúvidas, o particípio passado de *intervir* tem sido registado como *intervindo*. É um facto que *intervir* provém de *vir*, mas no caso do particípio passado retirar-se a nasal (n), passando a *intervido* permite, por um lado, desambiguar o particípio do gerúndio *intervindo*, e, por outro, por uma razão eufónica, melhorar o som nas formas compostas com o verbo *ter*. Veja-se e ouça-se **tendo intervindo*. Esta é uma forma menos eufónica do que *tendo intervido*.

Neste caso, não se trata de o verbo *intervir* ser um verbo abundante, uma vez que *intervindo* e *intervido* não constituem dois particípios passados; são duas formas distintas, com duas grafias diferentes. Defendo que o particípio passado de *intervir* é *intervido*, como afirma Rodrigo de Sá Nogueira, no *Dicionário de Verbos Portugueses Conjugados*. Na p. 272, encontramos flexionado o verbo *provir* e na quadrícula correspondente ao particípio passado, que o autor designa por particípio perfeito, está escrito *provido*. Em nota, Rodrigo de Sá Nogueira escreve: "Assim se conjugam: *advir, avir, convir, desavir, desconvir, intervir, sobrevir.*

Ouça-se como soa mal: *A alteração da lei *tem convindo a muitos.*, ou *Ele *tem desavindo toda a gente.* A qualquer ouvido atento *A alteração da lei* **tem convido** *a muitos.*, ou *Ele* **tem desavido** *toda a gente.* são formas mais autênticas.

Não se deverá, pois, generalizar, para todos os verbos compostos e para todas as respetivas formas, o princípio de que o verbo composto segue na sua morfologia a morfologia do verbo de que provém. Muitas são as pequenas divergências que, nunca é demais repetir, fazem a diferença na qualidade da Língua Portuguesa utilizada no quotidiano de todos.

Como de certo se aperceberam os leitores, os verbos em Português têm muito que se lhes diga. Aqui deixei apenas algumas reflexões que deverão ser exploradas essencialmente nas gramáticas e prontuários por todos os que pretendam dominar a Língua Portuguesa em todas as circunstâncias.

5. Ir ao encontro de... e ir de encontro a...[1]

Certamente que todos os leitores ouvem no dia a dia as locuções verbais *ir ao encontro de...* e *ir de encontro a...* Ouvem-se tão amiúde tais expressões que o ouvido já mal as distingue uma da outra, fazendo com que um falante desatento as aplique num sentido completamente oposto àquele que quereria transmitir na sua mensagem.

As chamadas regências verbais – verbos ou locuções verbais que exigem determinadas preposições na sua construção – são bastante complexas em Português. Pense-se no caso das completivas objetivas regidas, ou seja, frases completivas ou integrantes com função sintática de complemento oblíquo, como *Os professores gostam **de que os alunos estudem**.* Observe-se como estas pequeninas preposições ora estão a mais, ora estão a menos. Numa frase como a anterior, o comum dos falantes dirá *Os professores gostam **que os alunos estudem.**,* mas esta não é a correta sintaxe da frase, uma vez que o verbo *gostar* implica regência – *gostar de* – em qualquer contexto.

Serviu o exemplo anterior para se explicar que, muitas vezes, as preposições têm apenas uma função sintática – a de relacionar dois constituintes, por exemplo, dois substantivos, ou um adjetivo e um substantivo, como em *cheio de medo,* não influenciando o sentido. Semanticamente, é o mesmo dizer-se *Os professores gostam **de que os alunos estudem*** ou *Os professores gostam **que os alunos estudem**.* Na segunda frase há um erro gramatical, um erro sintático, mas não semântico, o que faz com que a interpretação dessa frase não seja alterada, por parte do destinatário, quando a ouve.

O mesmo não acontece com todos os casos em que há regência verbal. Muitas vezes, associado às preposições, encontra-se o valor semântico das mesmas. Basta pensarmos nas preposições locativas, ou de lugar, *de, **para** e **por**,*

---

[1] Publicado no Suplemento de Educação, in *Correio dos Açores* (12.04.2007).

e imediatamente associamos a estas preposições os valores de, respetivamente, *lugar de onde, lugar para onde* e *lugar por onde*. Assim, ao ouvir **O José veio das Flores**, o ouvinte reconhece que *o José chegou e veio de um lugar* – da ilha das Flores, e não que *o José partiu para algum lugar*.

Enquanto a preposição **a** está associada ao lugar para onde – *O José foi <u>a</u> Angra do Heroísmo.*, a preposição **de** remete para o lugar de onde – *O José chegou <u>de</u> Ponta Delgada.* O mesmo se passa nocionalmente, isto é, com a noção expressa pelas locuções em apreço, visto já não estarmos a falar propriamente de um lugar-espaço, mas de um lugar-noção no caso das locuções **ir ao encontro de...** e **ir de encontro a...**

Quem **vai ao encontro de** realiza o movimento de ir a favor de (vai de um "lugar" para outro), ou seja, o primeiro lugar-noção está de acordo com o segundo lugar-noção; quem **vai de encontro a** realiza o movimento contrário, está, pois, a indicar o caminho oposto – não relaciona positivamente o primeiro lugar-noção com o segundo lugar-noção. Deste modo, ao se afirmar **As novas unidades hoteleiras vieram ao encontro da necessidade de aumentar o número de camas na Região**, quer-se significar que houve uma sinergia positiva entre a construção de novas unidades hoteleiras e a necessidade de camas. Já ao afirmar-se: **As novas unidades hoteleiras vieram de encontro à necessidade de aumentar o número de camas na Região**, está-se a afirmar o seu contrário, ou seja, está-se a dizer que a construção de novas unidades hoteleiras foi contrária à necessidade do aumento de camas, o que é um nítido contrassenso.

Quando um político confiantemente afirma – "Esta medida vai de encontro às expectativas dos jovens." –, num claro contexto em que quer agradar aos jovens, com a troca de um simples **de** por um **a**, perdeu a "face". Ao não ter empregue, no momento certo do seu discurso a frase certa – "Esta medida vai ao encontro das expectativas dos jovens." –, cometeu um "ato falhado". Certamente que, se estivéssemos presentes, teríamos observado alguns sorrisos na assembleia de ouvintes, sorrisos esses indiciadores do pensamento – "Fugiu-lhe a boca para a verdade, na prática essa medida não será nada favorável aos jovens!"

"Atos falhados" destes fazem perder eleições...

A torto e a direito ouvimos a expressão *ir de encontro a* no lugar de *ir ao encontro de*... Como, neste caso, o uso não faz a regra, é muito simples ultrapassar este erro: guardem *ir de encontro a* para o dia fatídico de um acidente, uma vez que, infelizmente, irão de encontro a um obstáculo, e utilizem *ir ao encontro de* no dia a dia, pois 99% dos casos em que se ouve, se diz, se escreve ou se lê *ir de encontro a* quer-se significar *ir ao encontro de*...

Claro que muitos falantes não estão atentos à estrutura das frases que ouvem ou emitem, seguindo o lema: "fazermo-nos entender é o mais importante, a forma fica para quem não tem nada mais interessante em que pensar".

Mas como nos poderemos fazer entender cabalmente, quando teimamos em utilizar formas linguísticas opostas ao que queremos significar?

Esta questão levanta muitas outras que se relacionam com o ensino-aprendizagem da Língua Portuguesa. Procuremos resposta para as seguintes.

Como poderemos fazer com que os alunos apreciem a sua língua, quando no ensino da língua materna se privilegia o aparato e não a substância, i.e., a técnica em detrimento da palavra?

Como esperamos que, sem bases gramaticais, todos os alunos melhorem a literacia, quando os professores são continuamente desmotivados a investir seriamente no ensino da Gramática do Português?

Como esperamos que os alunos vivam experiências linguísticas inesquecíveis, quando a Literatura Portuguesa – a Língua na sua Arte Maior – tem vindo a ser menorizada, por vezes infantilizada, nos programas de Português e de Língua Portuguesa? Continuo a considerar uma aberração esta diferença técnica entre as disciplinas de Português e de Língua Portuguesa, mas sobre essa questão pronunciar-me-ei noutra altura.

Já vem sendo tempo de retomarmos o gosto pelo uso correto da nossa língua e de implementarmos na prática o Tratado sobre política da língua materna contido na lapidar sentença de Eugénio Coseriu – "quem descuida a sua língua, descuida-se a si próprio".

Como afirma A. B. Machado Pires, na *Introdução* a *Português para Todos –
A Gramática na Comunicação*, "quem não sabe falar não sabe pensar", ou nas
suas próprias palavras:

> Quem não fala bem, também não sabemos se pensa bem, se
> não sabemos se pensa bem, não lhe podemos fiar o que depende
> do pensamento – que é quase tudo. O diálogo do diplomata, a
> averiguação clínica do médico, a persuasão do advogado, a
> clareza do professor, a força dramática dos atores, a ajuda do
> psicólogo, a sedução do político, ou qualquer outra forma de
> sedução começam e acabam às portas da *palavra*. Perfume ou
> veneno, perfume envenenado, o *pharmakon* grego, eis o plurívoco
> poder da linguagem, desde tempos imemoriais detetado.
> (Montenegro, 2005: 12).

Os erros, que muitos desconsideram, fazem toda a diferença na qualidade
da língua através da qual nos expressamos. Seriam de louvar todos os esforços
apelando ao uso correto da língua, mas necessário se torna observar que "nem
tudo o que luz é ouro" e grassam por aí muitos manuais sobre "gralhas e erros
de Português", com o objetivo de melhorar a escrita e a oralidade dos alunos
dos Ensinos Básico e Secundário, cujo conteúdo não faz jus ao título que
ostentam. Muitos deles, imaginem, estão cheios de erros e gralhas...

6. Por que, porque e porquê[1]

A oralização de certas expressões, a falta de hábitos de leitura, a pressa das revisões ou o confiar-se a correção ortográfica e sintática de um texto ao computador podem ser algumas das razões apontadas como justificação dos erros de Português que, com elevada frequência, mancham os textos.

Às vezes uma pequenina vírgula altera o sentido de uma frase ou desvia-lhe a ambiguidade; algumas frases ficam mesmo acéfalas por omissão de elementos essenciais, como sejam os complementos obrigatórios do verbo; menos graves serão algumas questões que passam abusivamente por gralhas, mas que revelam o descaso com que se ataca uma folha de papel, ou melhor, um ecrã iluminado, esperando-se talvez que ninguém dê por nada.

Habituamo-nos a fechar os olhos a tantas "pequeninas" gralhas que não raro nos questionamos se a forma errada não será a verdadeiramente correta, pois esta, associada à correção gramatical, poderá apresentar-se como saída de um baú, já com cheiro a mofo e cuja utilidade se questiona.

Neste artigo focarei uma minudência (uma língua é feita, não nos esqueçamos, de pequenos pormenores) – a diferente grafia de **por que**, **porque** e **porquê**. Na oralidade estas três formas pronunciar-se-ão com pequenas diferenças, quase indistintas em certos casos, no entanto aplicam-se em contextos sintáticos diversos.

As diferentes formas de escrita – **por que**; **porque**; **porquê** – justificam-se quer pela morfologia (a formação da palavra), quer pela sintaxe (o contexto em que aparecem na frase). No que se refere à morfologia, apesar de **por que** e **porque** derivarem de **por + que**, no primeiro caso juntou-se à preposição **por**

---

[1] Texto publicado no Suplemento de Educação, in *Correio dos Açores* (06.05.2004) e Montenegro, H. M. (2005: 37-41).

um pronome relativo **que**, enquanto no segundo à mesma preposição se uniu ou um pronome interrogativo (**que**) ou um pronome relativo (**que**).

Quanto à categoria ou classe de palavras a que pertencem, **porque** pode ser ou um advérbio interrogativo (preposição + pronome interrogativo) ou uma conjunção subordinativa causal (preposição + pronome relativo); já **por que** são duas unidades que continuam a pertencer a duas classes gramaticais: uma preposição e um pronome relativo.

Em termos sintáticos, **porque** advérbio interrogativo ocorre tão só em frases interrogativas, como no exemplo, *Porque se vai pelo caminho mais difícil?* Por seu lado, **por que** (preposição + pronome relativo) poderá ocorrer em frases interrogativas ou em frases afirmativas com valor causal.

Quando empregue em frases interrogativas, utiliza-se **por que** se está explícita, ou subentendida, a locução **por que motivo** ou **por que razão**, como nos exemplos: *Por que razão não se resiste, a tempo, a um gelado de chocolate?; Por que se remetem os "sacrifícios de boca" para amanhã?* Neste caso, poderíamos substituir os exemplos por uma forma flexionada do pronome relativo: *Por qual razão não se resiste, a tempo, a um gelado de chocolate?; Por qual (razão) se remetem os "sacrifícios de boca" para amanhã?*

Em frases afirmativas, com valor causal, também se emprega **por que** nos contextos em que se poderá substituir o **que** por uma forma flexionada ou variável do pronome relativo. No exemplo, *E o principal motivo por que se deve caminhar diariamente meia hora é porque é grátis; não é preciso tirar senha, nem aguardar pelo número de chamada.*, poderíamos escrever: *E o principal motivo pelo qual se deve caminhar diariamente meia hora...* Mas o mesmo já seria impraticável na segunda parte da frase – anotada com asterisco para indicar agramaticalidade ou incorreção – **é pelo qual é grátis; não é preciso tirar senha, nem aguardar pelo número de chamada.*

Assim, já podemos antecipar que a conjunção subordinativa causal **porque** não poderá ser substituída por **pelo que, pela que, pelo qual, pela qual, pelos quais** ou **pelas quais**, como se poderá verificar nos seguintes exemplos repetidos entre parêntesis: *Aliás os obesos, porque dão emprego a muita* *gente, não podem desaparecer.* (**Aliás os obesos, **pelo que** dão emprego a muita gente, não podem desaparecer*); *Iniciar uma dieta é sempre difícil **porque** implica deixar de comer quase tudo aquilo que faz crescer água na boca, o mesmo é dizer passar fome.* (**Iniciar uma dieta é sempre difícil **pelo qual** implica deixar de comer*); *Caminhe todos os dias, **porque** o seu coração aguentará mais tempo!* (**Caminhe todos os dias **pelo que** o seu coração aguentará mais tempo!*).

A forma **porquê**, por sua vez, classifica-se como advérbio interrogativo, derivado de **por** + **quê** (pronome interrogativo). Poderá também **porquê** substantivar-se, quando antecedido por **o**, como no exemplo: *O **porquê** de muitos jovens adultos sofrerem de obesidade encontra-se numa alimentação desequilibrada.*

A origem da forma do pronome interrogativo **quê** é um tanto obscura; só na 3.ª edição do *Dicionário da Língua Portuguesa*, datada de 1922, Cândido de Figueiredo regista a forma **quê**, antecedida de um asterisco, indicativo de a palavra não estar antes dicionarizada. Alguns gramáticos avançam com a hipótese de que tal forma resultaria de **que é** (**que**), contudo outra hipótese poderá ser formulada se observarmos a sintaxe destes interrogativos.

Se avançarmos com a análise do contexto sintático em que surgem **quê** e **porquê**, verificaremos que ambos se empregam em frases interrogativas, ou isolados ou no final da interrogativa, como poderemos observar nas seguintes frases (em cada par, a primeira frase está correta e a segunda incorreta):

. Viste o quê? / * Viste o que?
. O quê? Que disseste? / * O que? Que disseste?
. Que disseste? / * Quê disseste?
. Compraste flores porquê? / * Compraste flores porque?
. Porque compraste flores? / *Porquê compraste flores?

O que nos revela tal ocorrência? Se associarmos o lugar obrigatório de **quê** e **porquê** na frase com a entoação própria da interrogativa em Português, ascendente no final, facilmente se compreenderá a razão pela qual **que** passou a **quê** e, por analogia, **porque** a **porquê**. A entoação ascendente coaduna-se melhor com **quê** e não com **que**, tornando-o mais audível e permitindo, portanto, que a posição de destaque que ocupa na frase seja acompanhada pela ênfase colocada na entoação.

As duas hipóteses são, todavia, conciliáveis porque interdependentes: a) **é que** é um morfema enfático empregue nas interrogativas ditas parciais, aquelas em que se pretende interrogar apenas uma parte, como em *Quando é que chegaste?* Sabemos que o/a visado/a chegou, apenas queremos saber quando; *Porque é que comes tanto?* Sabemos que a pessoa em causa come muito e esta até poderá ser uma simples pergunta retórica, contendo implícita uma recriminação – *Se não podes exagerar na comida, comer tanto revela falta de bom senso.*; b) em posição final a forma enfática **porque é que** (* *Comes tanto porque é que?*) perderia o seu valor enfático, daí a posição final, aliada à entoação própria da interrogativa, ter favorecido o aparecimento de **quê** e **porquê**.

Por que escrever todas estas linhas sobre tão pequena questão da Língua Portuguesa? Porque há dias mostraram-me uma frase escrita por autor conhecido na qual surgia * **porquê que** numa interrogativa indireta, do tipo *Já ninguém pergunta *porquê que os subsídios vão sempre para os mesmos.* Claro que dessa forma ninguém pergunta, mas talvez perguntassem se a frase tivesse sido corretamente escrita: *Já ninguém pergunta* **por que razão é que** *os subsídios vão sempre para os mesmos...*

7. Pontos e vírgulas[1]

O uso dos sinais de pontuação nos textos que quotidianamente se escrevem, sobretudo no que respeita a vírgulas e a pontos, raramente abona a favor da correção e legibilidade dos mesmos.

Muitos gramáticos abordam a pontuação sublinhando primordialmente o seu valor estilístico. Celso Cunha e Lindley Cintra, na *Nova Gramática do Português Contemporâneo*, dividem os sinais de pontuação em sinais pausais e sinais melódicos, considerando que a "língua escrita não dispõe dos inumeráveis recursos rítmicos e melódicos da língua falada." (1987: 639). Já em nota de rodapé acrescentam que "[esta] distinção, didacticamente cómoda, não é, porém, rigorosa. Em geral, os sinais de pontuação indicam, ao mesmo tempo, a pausa e a melodia." (1987: 639).

A divisão entre sinais pausais e sinais melódicos não parece facilitar o reconhecimento dos usos do ponto ou da vírgula. Relativamente à vírgula, reafirmam os autores na conclusão:

> [toda] a oração ou todo o termo de oração de valor meramente explicativo pronunciam-se entre pausas; por isso, são isolados por vírgulas; os termos essenciais e integrantes da oração ligam-se uns com os outros sem pausa; não podem, assim, ser separados por vírgula. Esta a razão por que não é admissível o uso da vírgula entre uma oração subordinada substantiva e a sua principal. (Cunha e Cintra, 1987: 645-646).

Raramente nos exemplos apresentados na *Nova Gramática do Português Contemporâneo* se associam os sinais pausais a princípios de ordem sintática. A razão apontada para não se colocar vírgula entre uma oração subordinada substantiva e a sua principal parece incompleta, pois mais facilmente se perceberá que a obrigatoriedade de não se colocar vírgula entre uma frase subordinada substantiva e a respetiva subordinante reside no facto de a oração subordinada exercer uma função sintática obrigatória em relação à subordinante. Por exemplo, na frase *Os professores afirmaram que fariam greve no*

---

[1] Publicado no Suplemento de Educação, in *Correio dos Açores* (07.07.2005) e Montenegro, H. M. (2005: 47-51).

período destinado aos exames do 12.º ano., não se pode colocar vírgula antes da conjunção integrante *que*, por *que fariam greve no período destinado aos exames do 12.º ano* desempenhar a função de complemento direto, função obrigatória e pedida pela forma verbal *afirmaram*.

Se, por um lado, a pontuação tem necessariamente valor estilístico nos textos literários, desempenha, por outro, nos textos técnicos ou nos textos jornalísticos, excetuando-se a crónica, uma função essencialmente sintática e semântica: sintática porque ordena e organiza os constituintes da mesma frase e as frases entre si; semântica porque concorre para a correta interpretação, por parte do leitor, da intenção do autor do texto.

De acordo com o acima dito, fácil é compreendermos que pontuação e intuição formam tão só uma fraca assonância, não rimando intrinsecamente. Também fácil é concluir que quem pontua intuitivamente, porque parou para pensar e lá deixa cair ou bate uma vírgula ou um ponto, regra geral, deixa vírgulas e pontos mal semeados.

Para se evitarem os problemas e os erros de pontuação, deveremos seguir as regras sintáticas, associando-as ao sentido que pretendemos transmitir. Parafraseando Fernão de Oliveira, autor da primeira gramática da *Linguagem Portuguesa*, datada de 1536, "[a regra ensina a falar e a escrever melhor,] ainda que não de novo ensina aos que não sabiam e aos que sabiam ajuda."

Esperando que a presente leitura confirme a sentença, observemos as regras básicas do correto emprego do ponto e da vírgula.

Do ponto

O chamado **ponto final** tem como função primeira **finalizar** uma frase simples ou uma frase complexa. Tal significa que o ponto só deverá ser colocado quando a frase estiver completa, reconhecendo-se pelo menos um verbo, flexionado num tempo finito, e os respetivos complementos obrigatórios.

Comparem-se os exemplos incorretos em A com a sua correção em B.

A

1. *A clonagem destruirá a vida humana tal como a conhecemos. *Criando frankensteins em série.*

2. *Os cientistas estão muito animados com a descoberta do genoma. *Por acreditarem que tudo o que uma pessoa faz é determinado pelo genoma humano.*

3. * As ciências humanas estudam as manifestações culturais, artísticas, literárias, históricas, filosóficas do Homem. *Para melhor conhecerem o seu pensamento.*

B

1. A clonagem destruirá a vida humana tal como a conhecemos, criando frankensteins em série.

2. Os cientistas estão muito animados com a descoberta do genoma, por acreditarem que tudo o que uma pessoa faz é determinado pelo genoma humano.

3. As ciências humanas estudam as manifestações culturais, artísticas, literárias, históricas, filosóficas do Homem, para melhor conhecerem o seu pensamento.

Como podemos observar, nas frases A, o ponto está mal colocado pelas seguintes razões: 1) separa uma oração com gerúndio; 2) separa a oração subordinada adverbial causal da restante parte da frase; 3) divide a oração principal da oração subordinada adverbial final.

Da vírgula

A vírgula é muito mais caprichosa, ou não fosse do género feminino, dirão alguns. Quantas vezes nos interrogamos se aquela pequeníssima marca deve ficar ou deve sair da frase! Sendo o uso da vírgula efetivamente de grande complexidade, referir-nos-emos tão só aos casos de **obrigatoriedade do não uso da vírgula** e de **obrigatoriedade do uso da vírgula**.

Três casos principais obrigam à **não utilização da vírgula,** são eles:

1) Não separar o sujeito do predicado – *O Paulo e o Zé, **numa primeira fase decidiram não participar no campeonato**. / O Paulo e o Zé, numa primeira fase, decidiram não participar no campeonato.* – (colocar-se uma vírgula no início do

aposto e não se colocar no final do aposto significa que se separou o sujeito do predicado);

2) Não separar o verbo dos complementos obrigatórios – *Todos voltaram, para casa cedo. / Todos voltaram para casa cedo.*;

3) O complemento determinativo nunca se separa por vírgula do grupo nominal que determina – *Os manuais, de Português, necessitam de uma maior homogeneidade. / Os manuais de Português necessitam de uma maior homogeneidade.*

Em 2) o verbo *voltar* exige como complemento obrigatório um complemento de lugar, por essa razão o verbo não deve ser separado por vírgula de *para casa*. Em 3), *de português* determina o grupo de manuais referido, daí que não se possa separar por vírgula.

A obrigatoriedade do uso da vírgula permanece em vários casos:

1) É obrigatório o seu uso após o vocativo – *Joana, entra e fecha a porta*!

2) O aposto e as frases relativas explicativas também se separam por vírgula – *As obras literárias, hoje tão pouco lidas, permitem conhecer a sociedade e os Homens de outras épocas.; As obras literárias, que hoje são pouco lidas, permitem conhecer a sociedade e os Homens de outras épocas.*

3) Após a indicação do local numa data é obrigatório o uso da vírgula – *Ponta Delgada, 16 de junho de 2005.*

4) A vírgula permite separar frases coordenadas assindéticas, ou seja, substitui-se a conjunção *e* por uma vírgula – *As chuvas fora de estação prejudicam as colheitas, às vezes perde-se mesmo toda a colheita.*

5) Com advérbios enfáticos como *assim* ou *então*, o uso da vírgula é facultativo – *Terminámos todos os exames, assim gozaremos melhor as férias.* ou *Terminámos todos os exames, assim, gozaremos melhor as férias.*

A pontuação, excetuando-se o texto literário, deve guiar-se por regras sintáticas e semânticas e não por pausas que refletem as pausas da oralidade. Poder-se-á avançar como principal razão o facto de as pausas da oralidade serem subjetivas, enquanto as regras de pontuação sintáticas são objetivas.

8. O plural dos nomes compostos e complexos[1]

O plural dos substantivos ou nomes compostos apresenta particularidades que nem sempre são respeitadas pelos falantes, semeando incertezas em quem os ouve ou lê.

Para formar o plural corretamente haverá que reconhecer as palavras compostas sobretudo pela sua grafia. Pela sua forma escrita, distinguem-se palavras compostas por aglutinação das palavras compostas por justaposição. Enquanto *girassol* e *claraboia* são exemplos do primeiro tipo desta formação – duas palavras aglutinam-se formando uma só, não havendo sinal gráfico de separação entre ambas, *obra-prima* ou *palavra-chave* exemplificam as palavras compostas por justaposição – palavras que se ligam por hífen, mantendo cada uma a sua forma original.

A estes dois processos de formação de substantivos compostos poderemos acrescentar o dos nomes complexos, como *bolo lêvedo, bolo de arroz, ouro em pó...*, aqueles que, apesar de serem formados com total separação dos vários elementos, funcionam como uma unidade lexical, resultando a sua significação do conjunto dos elementos que constituem o nome complexo e não de cada elemento *de per si*.

Bastará procurarmos formar o plural dos exemplos dados para confirmarmos que não se realizam todos do mesmo modo. *Girassóis* e *claraboias* seguem a regra de todas as palavras aglutinadas: apenas se pluraliza o final da palavra, mantendo-se a parte restante sem alteração. Assim sendo, a aglutinação não será o caso que nos traz dificuldades, mas sim a justaposição.

Em *obras-primas* e *palavras-chave* já se nos apresentam dois casos distintos, flexionando-se, no segundo, apenas o primeiro elemento, tal como *bolos de arroz*, a que poderíamos acrescentar *papos de anjo, pés de cabra* e *ouriços-do-mar*.

---

[1] Publicado no Suplemento de Educação, in *Correio dos Açores* (10.03.2005).

Beija-mão e *ouro em pó* representam outra particularidade – a de não aceitarem a pluralização pela sua natureza semântica. *Beija-mão* indica um ato cerimonial individual; *ouro em pó* designa um metal precioso que não é quantificável enquanto tal. Se falarmos em *ouros* já o referente serão os objetos feitos com ouro e não o próprio metal, assim como acontece com *água, açúcar* ou outros nomes classificados de massivos ou não-contáveis que, quando se pluralizam, se referem a unidades quantificáveis e não à substância.

Papa-formigas e *papa-moscas*, por seu lado, apresentam a mesma forma para o plural e o singular – nem **papa-formiga*, nem **papa-mosca* são formas corretas. A noção de grandeza/quantidade associada ao verbo *papar* contraria o singular de formiga ou mosca, para além de que seria pouco viável a um *papa-formigas* ou a um *papa-moscas* engolir apenas uma formiga ou uma mosca.

Vejam-se mais alguns casos e algumas regras.

É regra que na formação do plural, quando dois substantivos se juntam para formar um só, os dois apresentam flexão de plural. Muitos ainda se lembrarão dos exemplos das gramáticas tais que: *porcos-espinhos, tenentes-coronéis* e *redatores-chefes*. E também virá à memória o plural de *pôr do sol*: uns a teimarem ser *pôr de sóis*, porque as formas verbais em palavras compostas por justaposição não sofrem mudanças morfológicas, uma vez que não se flexionam da mesma forma que os substantivos, como *guarda-chuvas*; outros a não gostarem de ver só uma parte da palavra no plural por já terem visto muitos *pôres de sóis*; outros a não permitirem a pluralização nem do verbo nem do astro e a insistirem nos *pôr do sol* e outros ainda a persistirem em **pôres de sol**, autorizando o verbo a aproximar a sua flexão da dos nomes terminados em –r, para não destituírem o astro-rei da sua individualidade.

Ora, não pluralizar *sol*, em *pôr do sol*, justifica-se por duas razões: 1.ª *sol* surge como especificador de *pôr*, ligando-se a este por uma preposição; 2.º se pluralizássemos *sol* também teríamos que pluralizar o artigo, e uma forma como os **pôr-de-sóis* seria inaceitável. Passemos então à forma *pôr*. Se se mantiver no singular, teremos dificuldades com exemplos do tipo *Nas últimas* *férias, vimos *pôr de sol exuberantes.*, optando, sem dúvida, por uma frase como *Nas últimas férias, vimos pôres de sol exuberantes.*

A nominalização ou substantivação de um verbo, sobretudo no infinitivo, não é incomum em Português. Temos por exemplo, *o falar / os falares; o comer / os comeres; o poder / os poderes.* Deste modo, na palavra justaposta *pôr do sol* substantiva-se o verbo *pôr*, sendo com a forma *pôr* substantivada que se fará o acordo do plural – os *pôres de sol.* Resumindo, o plural de **pôr do sol** é **pôres-do-sol**, uma vez que se substantiva a forma verbal, não se pluralizando *sol*, por *sol* ser especificador, seguindo-se a regra de que o nome que se segue à preposição permanece no singular.

Na época de Natal, ouvimos frequentemente referências a **pais natais* que andavam pelas ruas para gáudio das crianças. Com esta palavra complexa segue-se o mesmo princípio de *pôr do sol*, embora se possa acrescentar como justificação, para o plural **pais Natal**, a singularidade do Natal.

Nas palavras complexas, formadas geralmente por nome + preposição + nome, como o primeiro nome é determinado ou especificado pelo segundo através da preposição, o segundo permanece no singular. Confira-se: *obra de fachada / obras de fachada; casa de campo / casas de campo; flor de estufa / flores de estufa.*

Também com os adjetivos que indicam cor, o segundo adjetivo permanece no singular mesmo que o primeiro tome a forma plural. *Azul-marinho, azul-ferrete,* ou *azul-celeste* em contexto algum poderão tornar-se **azuis-marinhos, *azuis-ferretes,* ou **azuis-celestes,* sendo o mais frequente manter-se o adjetivo no singular por ter função de especificador. Assim *azul-celeste* não se altera quer na frase *Está pronto o vestido azul-celeste.*, quer em *Estão prontos os vestidos azul-celeste.*

Em síntese, lembremos que a regra geral da formação do plural dos nomes ou substantivos compostos por justaposição é de ambos os elementos tomarem a forma de plural quando estamos perante dois substantivos (*caixeiro-viajante / caixeiros-viajantes*), um substantivo e um adjetivo (*amor-perfeito / amores-perfeitos*), ou um adjetivo e um substantivo (*salvo-conduto / salvos-condutos*).

No entanto, muitos substantivos compostos por justaposição apresentam outra combinação de categorias gramaticais que não as de substantivo e adjetivo – o substantivo ou o adjetivo podem juntar-se ao verbo ou ao advérbio. No caso de a palavra ser formada por verbo+nome só o nome vai para o plural (*corta-papel* / *corta-papéis*). Também quando a palavra é formada por advérbio+adjetivo só o adjetivo recebe a marca de plural (*sempre-viva* / *sempre-vivas*; *abaixo-assinado* / *abaixo-assinados*).

Em contrapartida, quando dois substantivos se justapõem tendo o segundo uma função especificadora ou determinativa do primeiro, apenas o primeiro se pluraliza (*contrato-programa* / *contratos-programa*), o mesmo acontecendo quando o segundo elemento está ligado ao primeiro por preposição, quer nas palavras compostas, quer nas complexas: *jardim de infância* / *jardins de infância*; *sala de embarque* / *salas de embarque*).

Se, por um lado, a maioria dos casos se resolve através das regras enunciadas, por outro lado, propriedades semânticas dos elementos intervenientes na formação de nomes compostos e complexos poderão determinar o plural do especificador, só assim se explicam exemplos como *sala de operações* / *salas de operações*.

Não esquecendo que a língua incorpora marcas socioculturais e que sofre pressões extralinguísticas, nomeadamente novas realidades impõem novos usos às palavras já existentes ou até novas palavras, não poderemos, contudo, aceitar todas as formas que vão sendo empregues como fazendo parte do sistema gramatical da Língua Portuguesa.

9. Fios castanho-dourados ou fios castanho-dourado?[1]

No Português para Todos, intitulado "O plural dos nomes compostos e complexos" publicado neste suplemento em março de 2005, escrevia segura: "Também com os adjetivos que indicam cor, o segundo adjetivo permanece no singular mesmo que o primeiro tome a forma plural. *Azul-marinho, azul-ferrete,* ou *azul-celeste* em contexto algum poderão tornar-se **azuis-marinhos, *azuis-ferretes,* ou **azuis-celestes,* sendo o mais frequente manter-se o adjetivo no singular por ter função de especificador. Assim *azul-celeste* não se altera quer na frase *Está pronto o vestido azul-celeste.,* quer em *Estão prontos os vestidos azul-celeste."*

E mesmo sabendo que cada gramático sua sentença, pensava eu que quanto a esta questão não haveria outras interpretações. Entretanto começo a confrontar-me com textos gramaticais e sítios na Internet para os consulentes colocarem dúvidas, onde, citando a *Nova Gramática do Português Contemporâneo* de Celso Cunha e Lindley Cintra, se subscreve que os adjetivos compostos quando o segundo elemento é um adjetivo, só o segundo elemento vai para o plural, dando-se como exemplo olhos *azul-claros.*

Hesitei e comecei o meu trabalho de caça. Na p. 253 da *Nova Gramática do Português Contemporâneo,* podemos ler sobre o plural dos adjetivos compostos o seguinte: "Nos adjetivos compostos, apenas o último elemento recebe a forma de plural: consultórios **médico-cirúrgicos**, institutos **afro-asiáticos**, letras **anglo-germânicas**", a que em observação se acrescenta:

Exceptuam-se:
a) *surdo-mudo,* que faz *surdos-mudos;*
b) os adjetivos referentes a cores, que são invariáveis quando o segundo elemento da composição é um substantivo:

uniformes **verde-oliva**	canários **amarelo-ouro**
saias **azul-ferrete**	blusas **vermelho-sangue**.

---

[1] Publicado no Suplemento de Educação, in *Correio dos Açores* (08.03.2007).

Lendo esta explicação numa gramática conceituada de autores conceituados parecia correta a inferência de que "quando o segundo elemento da composição é um adjetivo esse elemento vai para o plural", logo estariam corretos consultores e gramáticas que indicassem que o plural dos adjetivos compostos cujo segundo elemento fosse um adjetivo apenas esse iria para o plural, e assim teríamos: *olhos azul-claros, vestidos azul-celestes* ou *fatos castanho-dourados*. Pelos vistos, teria que dar a mão à palmatória e informar todos os leitores do *Português para Todos* que a minha formulação no artigo "O plural dos nomes compostos e complexos" acima reiterada estava incorreta.

Ora, lendo bem a observação da *Nova Gramática do Português Contemporâneo*, eu teria cometido dois erros: 1.º que o segundo adjetivo não ia para o plural; 2.º colocava **azul-ferrete** no grupo dos adjetivos de cor cujo segundo elemento é um adjetivo, enquanto na *Nova Gramática do Português Contemporâneo* **azul-ferrete** aparece nos exemplos em que se indica que o segundo elemento da composição é um substantivo. Algo não me parecia bem, pois poria a minha mão no fogo em como **ferrete** referindo-se a cor é um adjetivo. E tal pude confirmar no Dicionário. Defendo, pois, que há um lapso na formulação da regra na *Nova Gramática do Português Contemporâneo*, ou seja, para que os exemplos correspondam à formulação faltou acrescentar "ou adjetivo" em b): "b) os adjetivos referentes a cores, que são invariáveis quando o segundo elemento da composição é um substantivo **ou um adjetivo**: uniformes **verde-oliva**, saias **azul-ferrete**, canários **amarelo-ouro**, blusas **vermelho-sangue**").

Parece-me uma aberração expressões do tipo **saias **amarelo-torradas***. Uma vez que o hífen torna o adjetivo composto uma unidade semântica, ou seja, o segundo adjetivo está a qualificar o primeiro e não o substantivo, só faz sentido que os adjetivos compostos que indicam cor sejam invariáveis em género e número. Assim teremos: **camisola *amarelo-torrado*, camisolas *amarelo-torrado*** e **blusões *amarelo-torrado*** e não **camisola amarelo-torrada, *camisolas amarelo-torradas* e **blusões amarelo-torrados*.

Reconheça-se, contudo, que esta questão dos adjetivos compostos indicando cor não é pacífica. Por exemplo, na *Gramática da Língua Portuguesa*, de Pilar Vasquez Cuesta e Maria Albertina Mendes da Luz, referem as autoras, na p. 384, que "[quando] o adjectivo é formado por dois adjectivos ou por um adjectivo e um substantivo, ambos recebem as desinências de feminino e de plural." Tal afirmação legitimaria a expressão *camisolas amarelas-torradas*, o que não parece o mais correto. No entanto, em termos de manuais de gramática e prontuários tem feito escola a regra enunciada na *Nova Gramática do Português Contemporâneo*, sem a devida contextualização.

Quando uma gramática apresenta lapsos os exemplos dados não são criticamente analisados, o que vai acontecer é que esses erros e lapsos se repetem de manual para manual, expondo aos alunos exemplos incorretos. Quando vejo um novo manual de gramática para os Ensinos Básico e Secundário mais do que a enunciação das regras, observo os exemplos – e não entremos em polémicas terminológicas – sendo que muitas vezes os exemplos contrariam os enunciados.

Recentemente veio-me parar às mãos um manual de Língua Portuguesa em cuja capa está escrito: *O Essencial para o Básico Prático 7.º / 8.º/ 9.º Anos; Indispensável apoio durante o ano letivo e nas férias*. Folheei o manual e deparei-me nas soluções de um exercício com *"verde-musgo; castanho-dourados; cinzento-pérola; bem-aventurados"*. Evidentemente, pensei que a questão correspondente era sobre o plural dos adjetivos compostos e que mais uma vez se repetia o lapso. Mas, repare-se no enunciado que transcrevo: "Identifica os adjetivos compostos no anúncio das roupas de Outono-Inverno de um estilista famoso da atualidade." Segue-se o anúncio: "Não se deixe intimidar pela chegada do outono. Fique em forma, usando as cores com que se veste esta estação. Saiba combinar o verde-musgo com o castanho-dourado e com o cinzento-pérola e sinta-se bem-aventurado".

Ora, o que se passa é que neste anúncio apenas *bem-aventurado* é um adjetivo composto, pois os outros três estão nominalizados, quer dizer, são nomes ou substantivos e tal nominalização é identificada pelo artigo definido *o* antes dos substantivos *verde-musgo, castanho-dourado* e *cinzento-pérola*. Logo, a respetiva solução não corresponde ao exercício. Vejamos o plural de *o verde-musgo, o castanho-dourado* e *o cinzento-pérola*. Neste caso, os respetivos plurais são: os *verdes-musgo;* os *castanhos-dourados;* os *cinzentos-pérola* e não *"verde-musgo; castanho-dourados; cinzento-pérola"* como se indica na solução do exercício.

Que regra se formula para quando os adjetivos de cor se nominalizam? Quando o adjetivo composto indicando cor se nominaliza: a) se for composto por adjetivo+nome, o adjetivo pluraliza e o nome permanece invariável (e.g. os *verdes-musgo;* os *cinzentos-pérola*); b) se for composto por dois adjetivos, os dois pluralizam (e.g. *os castanhos-dourados; os azuis-claros*).

O que parece é que em muitas gramáticas se confundem as regras da formação dos adjetivos compostos indicando cor quanto à flexão em género e em número com a dos adjetivos compostos indicando cor quando nominalizados. Conclusão, em Português são incorretas formas como **castanho-dourada, *castanho-dourados* ou **castanho-douradas,* mantendo-se enquanto adjetivo composto a forma invariável *castanho-dourado,* quer este concorde com um substantivo feminino singular ou plural ou com um substantivo masculino plural.

As incorreções nos exemplos colocados em manuais de gramática são graves quando o que está em causa é o ensino da Língua Portuguesa a alunos que não têm conhecimentos científicos para discutir o que está certo e o que está errado quanto a regras da Gramática do Português. Por isso, o ensino da gramática no Básico e no Secundário não deveria ser alvo de experiências pedagógicas, como tem sido o caso da TLEBS, Terminologia Linguística para os Ensinos Básico e Secundário. A TLEBS padece do mesmo mal acima apontado a manuais de gramática, os exemplos contradizem as definições. Sobre os erros da TLEBS, o leitor poderá consultar o texto do Professor Catedrático de Linguística João Andrade Peres, "A TLEBS e a sua avaliação", em http://jperes.no.sapo.pt

10. Empregos do verbo haver[1]

Dedicamos este artigo ao verbo *haver*, às suas diferentes sintaxes e empregos. Temos a identificar sobretudo três diferentes empregos: *haver* como verbo principal, *haver* como verbo auxiliar de tempo e *haver* como verbo auxiliar de modo.

Como verbo principal, o verbo *haver* emprega-se, com o sentido de "existir", na forma impessoal, sempre no singular (flexão na 3.ª pessoa do singular). *Há muitas pessoas com baixos rendimentos*, e não **Hão muitas pessoas com baixos rendimentos*. Não é frequente cometer-se este erro no presente do indicativo, mas já é muito frequente noutras formas verbais. Ouvimos, sobretudo no pretérito imperfeito do indicativo, o uso da 3.ª pessoa do plural como **Haviam carros por todo o lado*, em vez da forma correta *Havia carros por todo o lado*.

Também como verbo impessoal, o verbo *haver* pode ser empregue com o sentido de "ter lugar" ou "acontecer": *Ontem houve um concerto fantástico*. Não resisto a sublinhar que em contextos semelhantes o verbo *haver* nada tem a ver com o verbo *ouvir*, daí que se deva escrever 'houve' e não 'ouve'. Esta regra continuará vigente, pois este é um caso que não sofre qualquer alteração com o Acordo Ortográfico; o verbo *haver* mantém o h inicial.

Uma certa confusão subsiste entre a forma verbal **há** e **à** (contração da preposição **a** com o artigo definido no feminino do singular **a**). Sempre que nos referimos ao tempo cronológico, ao tempo decorrido ou a um determinado período de tempo, a forma que deve ser empregue é a do verbo *haver*: *Há dois meses atrás* e não **À dois meses atrás*. No entanto, se nos referimos à marcação das horas, utiliza-se à: *Tenho um encontro à uma (hora)*, e não *Tenho um encontro *há uma (hora)*. Veja-se a diferença entre *Tenho um encontro à uma.* e *Tive um encontro*

---

[1] Publicado no Suplemento de Educação, in *Correio dos Açores* (17.04.2008).

há uma hora (atrás). Para melhor observarmos esta diferença, podemos pluralizar *à*, como em *Tenho um encontro às duas.*, mas não podemos pluralizar *há* do verbo haver: *Tive um encontro há duas horas.* e nunca *Tive um encontro *hás duas horas.* Este critério da pluralização pode ajudar na diferenciação do emprego de *há* e *à* em vários contextos com palavras ou expressões que indicam tempo. Outro critério é o de substituir o constituinte introduzido por *à* por outro equivalente com a forma masculina do artigo definido – *Encontramo-nos à uma hora.; Encontramo-nos ao meio-dia.*

Como verbo pleno, o verbo *haver* é empregue, em todas as pessoas, com o sentido de "considerar", "julgar", "reputar", como no exemplo, *O júri houve como válida a prova apresentada.*

Já o verbo *haver* + *se* significa "comportar-se", "resolver uma dificuldade" e é empregue em frases típicas da oralidade informal, como *A mãe teve que se haver com todo o trabalho.* Também poderá significar "enfrentar alguém com quem se tenha tido um desentendimento", ainda no registo informal: *Tens que te haver com ele!*

Quando auxiliar temporal, o verbo *haver* junta-se ao particípio passado do verbo principal, concorrendo com o auxiliar *ter*: *Havíamos permanecido silenciosos.* ou *Tínhamos permanecido silenciosos.* No Português contemporâneo, na variante de português europeu, o auxiliar *haver* é menos empregue do que o auxiliar *ter*, enquanto na variante brasileira se passa precisamente o contrário, raramente os brasileiros empregam o verbo *ter* como auxiliar temporal.

Se o verbo *haver* surgir seguido da preposição *de* e do verbo principal no infinitivo, estamos perante o verbo *haver* no seu valor de verbo auxiliar modal, indicando o valor de intenção de realizar uma ação ou de obrigatoriedade. Em *hei de ir a Londres.*, o valor indicado é a intenção do sujeito falante de realizar uma ação, mas em *hás de terminar o trabalho ainda hoje.* já o valor modal é o da obrigatoriedade. Deste curto exemplo, podemos deduzir que o valor modal expresso pelo verbo *haver de* varia com a pessoa verbal e com o tempo em que está flexionado.

Em relação ao auxiliar modal *haver de*, há que salientar que a preposição é invariável; flexiona-se o verbo e não a preposição. Assim, são incorretas as formas **há-des*, devendo dizer-se e escrever-se *hás de* ou a forma **há-dem* que corretamente se diz e se escreve *hão de*. Infelizmente, ouvimos com alguma frequência estas morfologias populares em discursos de pessoas com responsabilidade pública.

Haver entra também na formação da locução *ter a haver*, no sentido de "ter direito a receber determinada quantia", por exemplo, *O queixoso teve a haver dois mil euros*. Confunde-se com alguma frequência a locução *ter a ver com*, no sentido de "assemelhar-se a", com **ter a haver com*. Diga-se que a locução **ter a haver com* não existe em Português, o que acontece é que a proximidade fonética faz soar ao ouvido menos atento *ter a ver com*, como **ter a haver com* e assim se vai perpetuando um erro pouco abonatório da competência linguística de quem o comete.

Sempre que ouço tais erros, penso no descaso com que a Língua Portuguesa é tratada em manifestações linguísticas públicas. A desimportância atribuída ao modo como cada um usa a Língua Portuguesa em público tem sido fator de desmotivação para a aprendizagem do Português formal.

Quando em aulas de Língua Portuguesa a estudantes universitários refiro alguns destes erros, logo chovem os exemplos ouvidos recentemente em que os intervenientes, desde políticos, jornalistas a professores de vários graus de ensino, usam essas mesmas expressões. E dizem-me os estudantes: Por que havemos nós de ser penalizados por uma expressão menos correta, quando socialmente esses erros não são penalizados? Como professora, cumpre-me motivar e favorecer o uso correto da Língua Portuguesa, esperando que os estudantes se capacitem de que só lhes será benéfico no futuro, nas suas atividades profissionais, serem capazes de se expressar corretamente quer na oralidade, quer na escrita.

Mas para que as expressões e frases feitas sejam empregues com propriedade lexical, deixo registadas algumas expressões, umas correntes, outras de uso popular ou regional, que se constroem com o verbo *haver*:

haja Deus! – diz-se de algo que nos escandaliza ou espanta

haja o que houver – aconteça o que acontecer

bem haja! – saudação

mal haja – maldito seja

há mouro na costa – há pessoa suspeita

há que janeiros! – há que tempos

há roupa na corda – aviso para que se seja cauteloso

haver às mãos – entrar na posse de

haver mister – ser preciso

haver nome – chamar-se, denominar-se

haver lugar – acontecer

haver por bem – resolver, decidir

haver canas e canetas – haver altercações

haver gato – haver algo que não está certo

não haver de quê – não existir motivo

não haver como – não existir maneira

não haver porquê – não existir razão

não haver meio de – não existir forma

não haver cão nem gato – não existir ninguém

não haver novas nem mandados – não haver notícias

11. Usos do infinitivo pessoal[1]

O sistema verbal do Português é rico na sua complexidade. Ao abrirmos uma Gramática na parte respeitante à flexão verbal, vamos encontrar 14 tempos verbais simples e 11 tempos compostos, tendo em conta formas flexionadas, como o presente do indicativo, e formas não flexionadas, como o gerúndio.

Certamente que a maioria dos falantes de Português não utilizará quotidianamente todos os tempos verbais elencados numa Gramática. No dia a dia, muitas destas formas reduzem-se a um conhecimento passivo, efetuando o falante, sobretudo na oralidade, uma simplificação dos tempos verbais, observável, nomeadamente, na substituição do condicional presente (*falaria*) pelo pretérito imperfeito do indicativo (*falava*), ou no emprego do pretérito mais-que-perfeito composto (*tinha falado*) em detrimento do mais-que-perfeito simples (*falara*). São mais frequentes enunciados do tipo *Falava com o João, se o visse.*, e *Já tinha falado com a Rita antes de chegares.*, do que *Falaria com o João, se o visse.*, ou *Já falara com a Rita antes de chegares.*

Embora a crescente oralização do Português aponte para a simplificação do sistema verbal, essa simplificação esbarra com formas fixas que desapareceram da maioria das línguas românicas. Por exemplo, continuamos a empregar o futuro do conjuntivo em frases temporais de valor condicional, como na seguinte frase: *Quando os lugares estiverem todos ocupados, começamos o espetáculo!.*

Com estas observações pretendemos ilustrar a complexidade do sistema verbal da Língua Portuguesa, sendo as mesmas justificativas da impossibilidade de se abordar simultaneamente vários aspetos do sistema verbal da nossa língua. Assim, passaremos a analisar uma particularidade do Português respeitante ao infinitivo.

---

[1] Publicado no Suplemento de Educação, in *Correio dos Açores* (04.11.2004) e Montenegro, H. M. (2005: 74-78).

Enquanto a maioria das línguas ocidentais apresenta um único infinitivo, aquele que designamos por infinitivo impessoal ou não flexionado, o Português regista, para além deste, o infinitivo pessoal ou flexionado, continuando o seu emprego a ter grande vitalidade.

A principal distinção entre o infinitivo pessoal e o impessoal reside precisamente no permitir o primeiro a identificação do sujeito, apresentando desinências distintas para as três pessoas do plural e a 2.ª do singular, confundindo-se a forma de 1.ª e 3.ª pessoas do singular com o infinitivo impessoal. Observem-se as diferentes marcas de sujeito nas formas verbais de infinitivo pessoal nas frases seguintes: *Se não fosse o caso de **partirmos** tão cedo, ainda iríamos visitar o Museu.; Se não fosse o caso de **partirem** tão cedo, ainda iríamos visitar o Museu.; É fundamental **dialogarmos** uns com os outros; Reconheceste **teres** **sido** a responsável pelo projeto.; Antes de **falar**, o professor toma sempre um copo de água.*

Temos vindo a assistir a algumas mudanças na sintaxe do infinitivo. Tendencialmente, seguindo a evolução das outras línguas românicas, o infinitivo impessoal tem vindo a substituir o infinitivo pessoal, mantendo-se, no entanto, o seu uso em vários contextos, que abordaremos de seguida.

O uso do infinitivo pessoal é reconhecido, em primeiro lugar, nas frases subordinadas adverbiais **finais**, como no exemplo, *Ler A Caverna é fundamental **para compreendermos a sociedade contemporânea**.* A mesma frase poderia surgir com o infinitivo impessoal, tomando então um valor mais universal: *Ler A Caverna é fundamental **para compreender a sociedade contemporânea**.*

Se se tornar redundante a especificação do sujeito permitida pelo infinitivo pessoal, poder-se-á optar pelo infinitivo impessoal: *Lemos os jornais para **passarmos** o tempo., ou Lemos os jornais para **passar** o tempo.*

Outras estruturas frásicas recorrem também ao infinitivo pessoal, como sejam: frases subordinadas adverbiais **causais** iniciadas pela preposição *por* (***Por não terem lido a obra completa**, os alunos não conseguiram responder a todas as perguntas.*); frases subordinadas adverbiais **concessivas** (***Apesar de termos viajado para Atenas**, não vimos a abertura dos Jogos Olímpicos.*); frases subordinadas adverbiais **condicionais** introduzidas pela preposição *a* (*A visitares só alguns museus, visita o Louvre.*) e frases subordinadas adverbiais **temporais** (*Ao viajarem para Atenas, os nossos amigos escolheram uma companhia aérea segura.*)

Uma outra virtualidade do infinitivo pessoal é permitir a indeterminação do sujeito através do emprego da 3.ª pessoa do plural, em frases como: *Dizerem a verdade é prova de caráter.* Refira-se que a mesma frase poderia ser pronunciada utilizando o infinitivo impessoal com ou sem o pronome pessoal indefinido *se*: *Dizer a verdade é prova de caráter.; Dizer-se a verdade é prova de caráter.* Sublinhe-se que o emprego da 3.ª pessoa do plural para indeterminar o sujeito, ou seja, não o revelar, é um princípio comum a qualquer forma verbal. Não sendo característica exclusiva do infinitivo, o seu uso, no entanto, poderá associar-se a enunciados aforísticos de valor universal.

Se nas várias estruturas, já evidenciadas, o infinitivo surge flexionado, outros contextos exigirão que o infinitivo não se flexione e se mantenha, portanto, na sua forma impessoal. Não obstante o uso do infinitivo impessoal ou pessoal ser para alguns gramáticos uma questão de estilo, associando-se ao ritmo e à clareza do enunciado, poderemos afirmar que, no Português contemporâneo, o seu emprego flexionado será considerado agramatical em vários contextos, sobretudo na presença de verbos auxiliares.

Emprega-se o infinitivo, erradamente flexionado, por exemplo em grupos verbais constituídos por dois ou três verbos, em que apenas o verbo auxiliar ou o primeiro auxiliar deve ser flexionado, permanecendo o verbo principal e um segundo auxiliar, quando presente, no infinitivo impessoal. A seguir poderão confrontar-se diversos exemplos do infinitivo, identificando-se a forma incorreta com um asterisco (*): *Os avanços tecnológicos acabaram por *revolucionarem a vida do Homem.* / *Os avanços tecnológicos **acabaram por revolucionar** a vida do Homem.*; *Os textos deverão *terem sido impressos recentemente.* / *Os textos **deverão ter sido impressos** recentemente.*; *Os atletas estão a *realizarem os últimos treinos.* / *Os atletas **estão a realizar** os últimos* *treinos.; Principiemos por *cumprirmos os nossos horários. / **Principiemos por cumprir** os nossos horários.*

Sem ser regra absoluta, aliás em gramática nenhuma regra é absoluta, indica-se como princípio o uso do infinitivo impessoal ou não flexionado sempre que se esteja perante uma construção verbal constituída por verbo(s) auxiliar(es), podendo estar presente uma preposição antes do verbo principal, como em *Os pais continuaram a **investir** na educação dos filhos.*, em vez de *Os pais continuaram a ***investirem** na educação dos filhos.*

É frequente encontrarmos alunos, do Ensino Básico ao Superior, que não mostram nem o conhecimento mínimo da morfologia verbal, nem a mínima sensibilidade relativamente à flexão verbal, escrevendo-os da maneira como os ouvem e como os pronunciam.

Uma correta aplicação das formas verbais pressupõe algo de muito elementar, o conhecimento dessas mesmas formas. As regras básicas da Língua Portuguesa têm sofrido uma contínua desgramaticalização, sendo a morfologia verbal uma das questões gramaticais mais esquecidas.

Como colmatar as crescentes dificuldades no respeitante à flexão verbal? Num bom dicionário de verbos conjugados obter-se-ão respostas válidas quanto à seleção das formas verbais corretas, permitindo a confirmação, por exemplo, da 3.ª pessoa do singular do pretérito perfeito do verbo intervir – **interveio**, usada frequentemente na forma errada *interviu*, ou do particípio passado do mesmo verbo – **intervido**, como em **tendo intervido** e não *tendo intervindo*. Cabe a cada um de nós permanecer na ignorância ou procurar o esclarecimento.

12. Padrões da ordem dos pronomes pessoais átonos no Português Europeu[1]

Todos reconhecemos que a ordem das palavras na frase obedece a regras sintático - semânticas estritas. Embora tais regras se encontrem discriminadas nas gramáticas, o certo é que o uso, a partir da oralidade, tem consagrado outros usos na escrita. Não iremos aqui debater questões de gramaticalidade ou de aceitabilidade da frase; tomaremos tão só como princípio o da correção gramatical, assente em regras e normas linguísticas próprias da língua escrita.

Como salientam Pilar Vázquez Cuesta e Albertina Luz, na *Gramática da Língua Portuguesa*, "[a] colocação do pronome pessoal ou reflexo átono à maneira lusitana é um dos pontos mais complicados da sintaxe portuguesa." (1971: 493). É ainda das autoras a seguinte afirmação: "A colocação dos pronomes átonos no Brasil difere muito da rígida colocação atual portuguesa, embora encontre precedentes na língua medieval e clássica." (1971: 497).

Esta terá sido a principal razão por que, na *Nova Gramática do Português Contemporâneo*, Celso Cunha e Lindley Cintra, no capítulo sobre os pronomes, ao referirem o emprego dos pronomes retos ou o emprego dos pronomes oblíquos, não indicam quaisquer regras de colocação. Embora se possam reconhecer nos exemplos dados certos princípios sintáticos do seu emprego, o certo é que a sua apresentação segue essencialmente a morfologia dos pronomes.

Ainda como justificação da grande complexidade da colocação dos pronomes átonos na língua escrita, refira-se que, na *Syntaxe Histórica Portuguesa* (1912), Epifânio da Silva Dias dedica 14 páginas à "Collocação dos pronomes pessoaes átonos e do pronome demonstrativo átono o." Na sua exposição, pormenorizadamente exemplificada, leem-se várias vezes observações do género: "Antepõem-se, porém, de preferência (...)". Sem dúvida que "de

---

[1] Publicado integralmente in *Informar, Revista de Ação Educativa*, maio/agosto, 2000.

preferência" elucida a grande dificuldade que qualquer gramático sente em sistematizar as regras sintáticas subjacentes à posição em que os pronomes pessoais átonos devem ocorrer. É frequente a referência à entoação como principal guia da correta colocação dos pronomes. No entanto, apesar de a entoação ser um bom auxiliar, a colocação dos pronomes átonos obedece a regras sintáticas cujo conhecimento proporcionará uma escrita corretamente estruturada.

Dada a complexidade da questão, referir-nos-emos tão só às regras sintáticas básicas que deverão ser reconhecidas e corretamente empregues.

No Português Europeu registam-se os seguintes padrões para a ordem dos pronomes pessoais átonos:

   a) ... V- Pro ... - posição enclítica (o pronome coloca-se à direita do verbo);
   b) ... Pro-V ... - posição proclítica (o pronome coloca-se à esquerda do verbo);
   c) ... Vaux.-Pro-Vprinc. – posição mesoclítica (o pronome coloca-se entre o verbo auxiliar e o verbo principal ou no meio das formas de futuro e de condicional).

Comecemos pelas condições sintáticas básicas que determinam a seleção de uma ou de outra ordem.

A ordem enclítica, ou seja, a posposição do pronome relativamente ao verbo, emprega-se em frases-base, de tipo declarativo não-enfático [Ex: (1) a. e b.], em frases coordenadas [Ex: (2)], e em algumas subordinadas, como, por exemplo, nas subordinadas completivas infinitivas. [Ex: (3) a., b.].

   (1) a. O Filipe visitou **a Feira do Livro** este ano.
       b. O Filipe visitou-**a** este ano.
   (2) O Filipe visitou **a Feira do Livro** este ano e achou-**a** bem organizada.
   (3) a. O Filipe prometeu ler **o novo romance de Saramago**.
       b. O Filipe prometeu lê-**lo**.

A ordem proclítica, isto é, aquela em que se antepõe o pronome ao verbo, é obrigatória nas condições abaixo enunciadas.

   a) nas frases simples com negação predicativa:

   (4) a. A Rita não **a** visitou.
       b.*A Rita não visitou-**a**.

b) nas frases introduzidas por um advérbio do tipo *apenas, já, até, também*:

   (5) a. Até a Joana **o** encontrou.
       b.*Até a Joana encontrou-**o**.

c) nas frases cujo sujeito seja um pronome indefinido:

   (6) a. Tudo **a** atraía.
       b. *Tudo atraía-**a**.

É perfeitamente clara, nas frases acima, a gramaticalidade das frases a. e a agramaticalidade das frases b.

A ordem proclítica é também obrigatória na maioria das frases subordinadas, nomeadamente nas subordinadas completivas [Ex: (7) a.], relativas [Ex: (8)], ou adverbiais [Ex: (9)], ou quando se coloca em posição inicial um constituinte interpretado como foco [Ex: (10)].

   (7) a. Consta que o Filipe **a** visitou.
   (8) Os alunos que **a** visitaram consideraram-na espetacular.
   (9) Embora nem todos **a** conhecessem, acharam a atriz muito simpática.
   (10)   Por tal razão **o** ilibaram de culpas.

Dever-se-á acrescentar que, por vezes, o alargamento destas frases pode permitir ou até obrigar à alteração da ordem dada. Exemplifique-se confrontando o exemplo (7)a. com (7)b. e c.:

   (7) b. Consta que o Filipe **a** visitou este ano.
       c. Consta que o Filipe visitou-**a**, pela primeira vez, este ano.

Utiliza-se a posição mesoclítica em algumas perífrases verbais, em particular com o auxiliar temporal *ter* [Ex: (11)a., b. e c.]:

   (11)   a. O Filipe tem-**na** visitado todos os anos.
          b. *O Filipe **a** tem visitado todos os anos.
          c. * O Filipe tem visitado-a todos os anos.

Em contrapartida, quando se realizam as condições antes enunciadas para a ordem proclítica esta também se aplica com o auxiliar *ter*. [Ex: (12)a. e b., (13)a. e b.]:

   (12)   a. O Filipe não **lhe** tem falado.
          b. *O Filipe não tem-**lhe** falado.

(13)　a. Apenas o Paulo **o** tem encontrado.
　　　b. *Apenas o Paulo tem-no encontrado.

Com os verbos auxiliares modais e aspetuais, em frases declarativas neutras, também se pode colocar o pronome entre o verbo auxiliar e o verbo principal. [Ex: (14) a. e b].

(14)　a. A Joana pode-**lhe** dizer da festa.
　　　b. A Joana pode dizer-**lhe** da festa.

Com as frases complexas, deverá seguir-se, para as perífrases verbais, as regras aplicadas para as formas verbais simples. Assim, na coordenação segue-se a posição enclítica (após o verbo principal) [Ex: (15)] e na subordinação a posição proclítica (antes do verbo auxiliar) [Ex: (16)].

(15)　A Teresa terminou a carta e foi colocá-**la** no Correio.
(16)　Se **o** tivesse lido, o Tiago teria respondido corretamente às perguntas sobre a *Aparição*.

A posição mesoclítica é seguida também com frases declarativas afirmativas com o futuro imperfeito do indicativo e com o condicional [Ex: (17) e (18)].

(17)　Falar-**lhe**-emos nesse assunto amanhã!
(18)　Visitá-**la**-ão, se tiverem oportunidade.

A observação empírica da incorreta colocação dos pronomes pessoais em textos escritos por alunos que deveriam demonstrar maturidade na escrita, como já foi referido anteriormente, leva-nos a concluir da necessidade de se praticar "fichas de escrita" sobre esta matéria no Ensino Básico e Secundário. Exercícios de substituição de grupos nominais pelas respetivas formas pronominais, exercícios de inserção das formas átonas dos pronomes em frases complexas e fichas de autocorreção, com solicitação da justificação, servem de sugestões para tais fichas.

13. Dos gentílicos ou nomes designativos de naturalidade e procedência[1]

Os gentílicos e nomes pátrios têm vindo a cair em desuso; deixaram de figurar em muitos compêndios e a maioria dos dicionários não lhes dá qualquer destaque. Talvez por, na sua generalidade, serem palavras longas e de difícil pronunciação, gentílicos mais a gosto popular vieram substituir outros eruditos, e.g., *santareno* veio remeter *(e)scalabitano* ao eruditismo dos comentadores de futebol.

A herança greco-latina na formação dos gentílicos

Os adjetivos gentílicos e os nomes pátrios formam-se, em Português, através do processo de derivação sufixal, ou seja, acrescentam-se sufixos de origem grega ou latina aos nomes de países, cidades e localidades.

O léxico português, como todos sabemos, evoluiu a partir do léxico latino por via erudita, mantendo-se a nova palavra próxima da palavra latina [*pluvia* > *pluvioso*], e por via popular, aproximando-se a nova palavra do modo de falar vernacular [*pluvia* > *chuva*]. Esta característica da evolução do Português evidencia-se nos nomes como são designados os habitantes de um lugar, a sua procedência ou pertença. Se não fora a sua origem romana não se identificariam os habitantes de Chaves com o gentílico *flaviense*, ou os de Castelo Branco não seriam identificados como *albicastrenses*.

Sendo numerosos os sufixos que permitem indicar a origem ou procedência, referir-nos-emos tão só aos mais produtivos nesta área.

Em primeiro lugar surge o sufixo erudito, de origem latina, **-ense** (*bracarense*), que se reduz a **-ês** (*escocês*), na forma popular, empregando-se atualmente em nomes pátrios de uso corrente, como *português*, *inglês* ou *francês*.

Elementos sufixais importantes são os sufixos de origem latina **–ano** [*italiano*], ou a sua forma nasalizada **-ão** (*catalão*), **-ino** (*londrino*), **-ita** (*israelita*), **-eiro** (*brasileiro*) e **-eu** (*europeu*).

---

[1] Publicado no Suplemento de Educação, in *Correio dos Açores* (03.06.2003).

O sufixo de origem grega **-ista** [*paulista*], inicialmente aplicado a partidários de doutrinas e sistemas (budista, comunista), no presente também se aplica a gentílicos e nomes pátrios. Sublinhe-se, todavia, a diferença entre *portista* (adepto do FCP) e *portuense* (habitante do Porto) ou *benfiquista* (adepto do SLB) e *benfiquense* (habitante de Benfica).

Registados os principais sufixos que entram na formação dos gentílicos, haveria que sistematizar complexas regras de natureza morfofonológica, respeitantes aos sons e formas das palavras, que estão na base deste tipo de derivação. Contudo, tais regras tornar-se-iam improducentes neste tipo de artigo, razão por que nos limitaremos a observações de natureza prática.

Alguns estrangeirismos têm vindo a ganhar terreno para designar a procedência, por exemplo, *estadounidense* (adjetivo surgido na imprensa portuguesa, a partir de variante brasileira, que, por sua vez, o recebeu do Castelhano) aparece a par de *americano* e *norte-americano*. Enquanto *americano* e *norte-americano* permanecem ligados a valores tradicionais, *estadounidense* abre caminho a novas conotações socioculturais.

Se *canadiano* e *canadense* subsistem como gentílicos, tendo o primeiro suplantado no uso largamente o segundo, outros aceitando as duas formas (*ense* e *-ano*), mantêm a forma *-ense* como gentílico, reservando, excecionalmente, a forma *-ano* para indicar a pertença ou procedência de objetos. Assim, *bermudenses* são os habitantes das Bermudas e *bermudianos* os objetos que nesse arquipélago têm origem.

Açoriano, açorense, açoriense, açórico e açorês

A determinados nomes vão-se agregando sentidos que fogem da neutralidade para a inferiorização ou elitização dos habitantes de um dado lugar. É de todos conhecida a distância semântica entre o popular *picaroto* e o erudito *picoense*. Se em dadas circunstâncias todo o colorido de *picaroto* é salutar, noutras *picoense* será mais adequado pela sua neutralidade.

Apesar de dicionarizados, *açoriano, açorense, açoriense, açórico e açorês* não se empregam nos mesmos contextos nem para as mesmas realidades. Se *açorense* ou *açoriense* (variantes da aplicação do sufixo *-ense*) e *açoriano* são sinónimos na designação dos naturais dos Açores, embora o último se tenha sobreposto aos primeiros, já *açórico* e *açorês*, referindo-se a pessoas, poderão associar-se a conotações negativas.

A maioria dos gentílicos, formados a partir dos nomes das ilhas dos Açores ou das suas localidades, realiza-se acrescentando o sufixo *-ense*. Apenas os gentílicos de duas das nove ilhas seguem outra formação – Flores > *florentino*; Corvo > *corvino*. Se atentarmos nos seis concelhos de S. Miguel, cinco formam gentílicos em *-ense* (*ponta-delgadense, lagoense, vila-franquense, povoacense, ribeira-grandense*) e apenas os habitantes do Concelho do Nordeste podem ser *nordestenses* ou *nordestinos*. O facto de muitos topónimos se repetirem nas diferentes ilhas – *ponta-delgadenses* podem ser os habitantes de Ponta Delgada (de S. Miguel ou das Flores) – também parece facilitar a tarefa.

Esta simplicidade, todavia, é aparente, pois, numa listagem de todas as localidades das ilhas, deparamo-nos com vários casos de difícil resolução. Dado o espaço disponível, focaremos apenas alguns casos exemplificativos.

Nos topónimos compostos, quando a primeira palavra se encontra no singular, permanece geralmente invariável, acrescentando-se o sufixo à segunda: *vila-portuense* (Vila do Porto), *vila-novense* (Vila Nova), *pico-pedrense* (Pico da Pedra).

Dever-se-á aplicar aos habitantes de todas as Calhetas – Calheta de S. Jorge, Calheta do Nesquim (Pico) – o gentílico *calhetense*? E *capelense* poderá designar os habitantes do Capelo (Faial) e os habitantes das Capelas (S. Miguel)?

Poderemos seguir dois princípios na nossa justificação. O princípio da analogia levar-nos-á a admitir *calhetense* para designar os habitantes das diferentes Calhetas, tal como *torriense* se pode aplicar aos habitantes de Torres Novas e Torres Vedras. No entanto, quando houver outras possibilidades linguísticas de formar o gentílico de modo a clarificar a terra e os habitantes, deve procurar-se fazê-lo. Neste caso concreto, podemos remeter *calhetense* para habitante da Vila da Calheta e avançar com *nesquinhenses*, para os habitantes da Calheta do Nesquim.

Já os habitantes do Capelo poderão ser *capelistas*, lembrando a origem do topónimo (chapéu de viúvas e de frades), e os das Capelas (capela – lugar de culto de reduzidas dimensões) *capelenses*.

Os habitantes das Ribeiras (Ribeiras, Quatro Ribeiras, Cinco Ribeiras...) serão *ribeiristas* ou *ribeirenses*. Embora, contextualmente, possamos identificar um *ribeirense* das Quatro, Cinco ou Doze Ribeiras, seria incongruente aplicar-se o gentílico **quatro-ribeirenses*, o qual se confundiria com quatro indivíduos.

Praienses são os habitantes da Praia da Vitória (Terceira), da Praia (Graciosa) e da Praínha (Pico), distinguindo-se dos *praia-nortenses* (Praia do Norte).

Lajenses serão os habitantes das diferentes Lajes – Lajes (Terceira), Lajes das Flores, Lajes do Pico. É possível, porém, identificarem-se os *lajenso-florentinos* e os *lajenso-picoenses*.

Se os habitantes da Maia são *maiatos*, os da Lomba da Maia serão *lomba-maiatos*.

É evidente que o eruditismo de tais gentílicos remete o seu uso para contextos linguísticos muito específicos, utilizando-se vulgarmente a designação *habitantes de*, seguindo-se o nome da localidade. Para além disso, muitos topónimos deram origem a gentílicos divergentes que, como já foi referido, podem associar-se a conotações pejorativas – compare-se *lagoense* (habitante da cidade da Lagoa) e *lagoeiro* (pessoa sem préstimo, por extensão da aplicação do vocábulo que tinha como referente alguns habitantes da Lagoa sem profissão certa e sem habilitações literárias) ou *arrifense* (habitante dos Arrifes) e *arrifeiro* (rufia, por extensão da aplicação do vocábulo que tinha como referente alguns habitantes arruaceiros dos Arrifes).

Escolher o gentílico ou nome pátrio mais adequado nem sempre é tarefa fácil: a consulta de um dicionário pode não ser concludente, pois logo a segunda consulta nos diz que a primeira estava incompleta. Também não nos poderemos fiar no ouvido, porque nem sempre o que ouvimos está correto. Será necessária a consulta de dicionários, prontuários, gramáticas históricas e contemporâneas, no plural, para optarmos com segurança.

14. Agora, escrevo mails todos os dias[1]

A frase que intitula este artigo poderia ser anónima, mas efetivamente foi recuperada da crónica "Em rede" de Pedro Mexia, publicada na *Grande Reportagem* (4.12.2004). Também recentemente foram divulgados dados de uma sondagem da Universidade Católica onde se regista que 60% dos Portugueses consideram dever ser evitado o uso de estrangeirismos na linguagem corrente.

A percentagem acima deixar-me-ia algo tranquila quanto ao uso de empréstimos e estrangeirismos na língua do dia a dia, se não se tratasse de uma sondagem, mas se refletisse a percentagem dos falantes que investissem no Português vernáculo, recorrendo aos estrangeirismos por necessidade técnica e não por modismo.

Todos somos diariamente confrontados com o emprego de palavras emprestadas sobretudo do Inglês que vão muito para além da necessidade de transferir termos técnicos que acompanham o evoluir da tecnologia, inexistentes na Língua Portuguesa. Ora, se é criticável que Comissões Terminológicas não procedam à normalização da Terminologia em Língua Portuguesa, mais criticável será o facto de a população em geral ser altamente motivada a empregar no seu quotidiano palavras inglesas, imitando o Português falado nas televisões, escrito na imprensa, utilizado na publicidade, etc.

Hoje quando abro o *Grande Dicionário – Língua Portuguesa* da Porto Editora (2004), interrogo-me frequentemente se não me terei enganado e não terei na mão um dicionário bilingue Inglês / Português. Já agora um parêntesis esclarecedor. O título do dicionário modernisticamente não inclui a preposição *de* contraída com o artigo definido *a*, ou seja, *da*, obrigando o leitor a esquecer que a determinação em português não se faz pela justaposição de sintagmas

---

[1] Publicado no Suplemento de Educação, in *Correio dos Açores* (16.12.2004) e Montenegro, H. M. (2005: 32-36).

nominais, como pode acontecer no Inglês, mas através de sintagmas preposicionais.

Pressupondo que terá sido critério da coordenação do Dicionário incluir no mesmo o maior número de palavras empregues pelos Portugueses, deram entrada inúmeros empréstimos. Sublinhe-se empréstimos, pois, no presente, será necessário distinguir palavras emprestadas de estrangeirismos, entendendo-se que os empréstimos (vocábulos cedidos por uma língua a outra) mantêm a forma da palavra estrangeira sem qualquer aproximação ao sistema do Português, enquanto os estrangeirismos são adaptados ao sistema fonológico e morfológico do Português.

Não é preciso perdermos muito tempo a procurar empréstimos, de tão frequentes, no dicionário referido. Se a inclusão de alguns termos técnicos tem justificação por não haver um vocabulário técnico na respetiva área normalizado em Português (veja-se *holding, online, spread*). Refira-se que no verbete se indica como origem de *online*, do inglês *online*, no entanto em inglês escreve-se com hífen (*on-line*). Já a inclusão de outros termos não parece justificável, pois apresentam-se sinónimos ou traduções que permitem questionar a sua inclusão (veja-se *fast food, spleen, sportswear*).

> **holding** s. f. ECONOMIA empresa proprietária de ações de outras sociedades e cuja actividade se resume à administração desses valores; sociedade gestora de participações sociais. Do inglês *holding* (p. 817).
> **online** adj. inv. 1 INFORMÁTICA diz-se de atividades realizadas através da Internet; 2 INFORMÁTICA diz-se dos programas, funções e serviços que comunicam entre si ou estão disponíveis em rede. adv. INFORMÁTICA através da rede. Do inglês *online* (p. 1114).
> **spread** s. m. ECONOMIA margem aplicada pelo banco sobre o valor da taxa de juro de referência. Do inglês *spread*, «idem» (p. 1441).
> **fast food** s. f. género de comida que se prepara e serve rapidamente, como sanduíches e hambúrgueres. s. m. restaurante que serve rapidamente esse tipo de comida. Do inglês *fast food*, «comida rápida» (p. 675).
> **spleen** s. m. melancolia sem causa aparente ou concreta; tristeza; 2. mau humor; aborrecimento. Do inglês *spleen*, «baço; má disposição» (p. 1441).

sportswear s. m. vestuário desportivo. Do inglês *sportswear* (p. 1441).

Por vezes, indicam-se duas ortografias alternativas, como em *surf* e *surfe*, definindo-se o vocábulo junto da forma original. Assim, *surfe* remete para *surf* "desporto náutico que consiste em acompanhar o rebentar das ondas mantendo-se em equilíbrio sobre uma prancha. Do inglês *surf*"«rebentação» (p. 1457).

Outro exemplo é *briefing* e *brífingue* "1. reunião breve durante a qual são dadas informações e instruções consideradas indispensáveis à realização de determinada tarefa; 2. conjunto de informações transmitidas nessa reunião. Do inglês *briefing*." (p. 241).

Nesta e noutras tentativas de aportuguesamento da ortografia dos empréstimos, também tentada noutros dicionários, verifica-se que há casos felizes pela relação aproximada entre grafema e som entre a palavra inglesa e as regras ortográficas do Português, como é o caso de *briefing* / *brífingue*. O mesmo não acontece quando essa relação não é tão próxima, como em *surf* / *surfe*, uma vez que o *u* nunca tem o som de *a* em Português. Peça-se a uma criança que se inicia na leitura em Português para ler *surfe* e ela lerá "*surfe*" e não "*sarf*". Logo, a questão é se mais valerá deixar o empréstimo na sua roupagem original ou incorporá-lo mal enroupado em sons portugueses?

Mas antes de nos interrogarmos sobre a roupagem gráfica dos empréstimos nos dicionários unilingues de Português, há que nos interrogarmos sobre a sua inclusão num dicionário geral da língua. Se acriteriosamente forem incorporados nos dicionários de Língua Portuguesa todos os empréstimos que atualmente surgem na imprensa escrita, com duas ou três grafias diferentes, a dúvida de que estamos perante um dicionário bilingue deixará de ser dúvida, passando a asserção. Em palavras mais académicas, o que se pretende questionar é a pertinência de vocábulos de línguas de especialidade darem entrada nos dicionários gerais da língua.

Se para a vitalidade do Português será importante não nos guiarmos pelo purismo linguístico, por um lado, também não deveremos, por outro, aceitar pacificamente a imposição do uso de empréstimos, por razões meramente utilitaristas.

Um dos campos onde os empréstimos e estrangeirismos são muito frequentes é o da Informática, tendo-se desenvolvido no seu seio todo um vocabulário ligado à Internet, que por sua vez deu origem ao *internetês*.

Alguns defendem o ensino e divulgação do *internetês* (língua utilizada pelos *internautas* – utilizadores da Internet) ou do *sociobit* (língua da sociedade *bit*) para que os Portugueses não fiquem *infoexcluídos*. É evidente a importância da sociedade da informação a que todos devem ter acesso, porém parece que se estará a cair no equívoco de se estabelecer uma relação direta entre conhecimento e uso do *internetês* e *infoinclusão*. Para que todos os portugueses sejam *infoincluídos* é necessário muito mais do que a divulgação e imposição de uma gíria *infobit* ou *infonet*.

A interrogação que não podemos deixar de formular é se a única forma de o Português continuar a ser falado no mundo por mais de 200 milhões é submeter-se à hegemonia do Inglês e à sua ingerência no Português de todos os dias. Felizmente, muitos preferem continuar a escrever mensagens em vez de *mails*, ou a fazer pausas em vez de *breaks*.

Qualquer língua para continuar a ser falada, a inovar-se, enfim a estar viva, tem que encontrar meios para designar as novas realidades. Este princípio, válido para todas as línguas, não condiciona o modo como uma língua incorpora linguisticamente as novas realidades. Em relação à Língua Portuguesa tem-se confundido **adaptação da língua** com **adaptação à língua**, privilegiando-se a adaptação do Português às novas tecnologias com a incorporação de palavras inglesas, em vez de se proceder à adaptação dessas palavras ao sistema do Português.

A nossa língua tem um extenso e rico vocabulário, bem como a capacidade lexical e morfológica de formar palavras novas, permitindo a qualquer falante do Português expressar-se sem o contínuo recurso a anglicismos descaracterizadores da língua que nos foi legada e que deveremos legar com o enriquecimento de que formos capazes.

15. E-learning ou ciberaprendizagem?[1]

Com o desenvolvimento da informática surgiram novos conceitos que se têm vindo a instalar na sociedade contemporânea, passando a fazer parte do dia a dia de muitos. Os novos conceitos nesta área científica foram cunhados em Inglês e têm passado para o Português, frequentemente sem qualquer tradução ou adaptação ao sistema da nossa língua.

São várias as razões por que não se tem vindo a desenvolver uma política de língua eficaz quanto à fixação de neologismos de empréstimo externo, quer dizer provenientes de uma língua estrangeira. À falta de uma boa política de língua alia-se, por um lado, a máxima de muitos utilizadores de que os mesmos conceitos ditos em palavras portuguesas parecem não traduzir na íntegra o mesmo conceito, e, por outro lado, a presunção quase genética de que utilizar um estrangeirismo é sinal de cultura e de conhecimento.

Deixarei de parte os argumentos de caráter sociocultural, mas quanto à questão de só a palavra original traduzir na íntegra o conceito, apenas me pergunto por que razão *via rede* não traduz o conceito de *via net*, mas *rato* fez concorrência desde cedo a *mouse* e ninguém se lembrará de ir comprar um *mouse* ou de deslocar o *mouse*.

São de grande complexidade os princípios linguísticos e pragmáticos que orientam a integração de novos termos na nossa língua e que interessam sobretudo a especialistas, por isso limitar-nos-ei a apresentar algumas questões relativamente ao prefixo **e-** que hoje entra na formação de novas palavras ligadas ao uso da Internet em concorrência com o elemento de formação **ciber**, como em **e-comércio** e **cibercomércio**.

Se visitarmos os dicionários de referência de Língua Portuguesa mais recentes (*Dicionário da Língua Portuguesa Contemporânea* da Academia das Ciências de Lisboa [DLPC], *Grande Dicionário – Língua Portuguesa* da Porto

---

[1] Publicado no Suplemento de Educação, in *Correio dos Açores* (09.01.2008).

Editora [GDLP] e o *Dicionário Houaiss da Língua Portuguesa* [DHLP]), não encontramos qualquer referência ao prefixo e- proveniente de *electronic / eletrónico*, sendo tão só identificado como "prefixo que exprime a ideia de movimento para fora. Do Latim *ex*". Quanto às novas palavras formadas por **e-**, estas praticamente não são referidas nos três dicionários, limitando-se à palavra **e-book** definida como "livro em suporte electrónico, ou dispositivo electrónico portátil com ecrã que permite visualizar textos armazenados."

Já quanto ao elemento de formação **ciber**, derivação regressiva de *cibernética*, os dicionários referidos são mais prolixos, definindo-o como "elemento de formação de palavras que exprime as noções de comunicação electrónica e realidade virtual".

No [DLPC] dão entrada: cibercafé, ciberespaço, cibernética e cibernético, a; no [GDLP] dão entrada: cibercafé, cibercondria, cibercrime, cibercriminalidade, cibercultura, ciberespaço, ciberliteratura, cibernauta, cibernética, ciberneticista, cibernético, cibersexo e ciberterrorismo; no [DHLP] dão entrada: ciberespacial, ciberespaço, cibernauta, cibernética, ciberneticista, cibernético, cibernetização, cibernetizado, cibernetizar e ciberpirata.

Como podemos observar em nenhum dos três dicionários há um tratamento aprofundado da formação deste tipo de neologismos. Onde está, por exemplo, ciberjornalismo ou ciberescola? Certamente já se depararam com o termo ciberjornalismo, mas não com ciberescola. O conceito tem vindo a ser lançado na tradução e-escola, no entanto ciberescola é um bom concorrente, inclusive em termos fonéticos.

No que respeita aos empréstimos iniciados por **e-** têm sido seguidos três processos: 1) manutenção do termo na língua de origem, *e.g., e-learning*; 2) tradução da palavra, mantendo-se o prefixo *e-*, *e.g., e-escola*; 3) emprego do elemento de formação *ciber*, em vez do prefixo *e-*, *e.g., cibercrime*.

Os Serviços Oficiais de Tradução Portuguesa das Instituições Europeias adotaram o terceiro processo, *i.e.*, a aplicação de *ciber*. Infelizmente essa medida não foi generalizada por todos os responsáveis pela vulgarização dos termos técnicos. Este critério associado à tradução dos termos será a melhor medida para podermos recorrer, sem hesitações, a um vocabulário que siga a matriz lexical do Português: ciberaprendizagem é um termo mais transparente para os usuários portugueses do que *e-learning*, o mesmo acontecendo com ciberescola.

A falta de glossários uniformizadores dos termos técnicos faz-se sentir sempre que o usuário perante dois ou três termos concorrentes hesita, e, não tendo apoio técnico-linguístico, decide por aquele que parece ter maior circulação. Encontrar termos técnicos adequados ao sistema lexical do Português provenientes de empréstimos exige saber e convicção.

Para os interessados aqui se regista um pequeno glossário de novos termos que usualmente ocorrem com o prefixo **e-**, mas que razões de natureza linguística, nomeadamente a de conservar a matriz lexical do Português, nos levam a privilegiar o elemento de formação **ciber**, demonstrando que este elemento de formação é um concorrente de *e-* linguisticamente bem adaptado.

Glossário

e-book – ciberlivro
e-business – cibernegócio
e-câmara – cibercâmara
e-cidadania – cibercidadania
e-cidadão – cibercidadão
e-comércio – cibercomércio
e-comunicação - cibercomunicação
e-consultas - ciberconsultas
e-cultura – cibercultura
e-curso – cibercurso
e-debate – ciberdebate
e-democracia – ciberdemocracia
e-distribuição – ciberdistribuição
e-economia – cibereconomia
e-emprego – ciberemprego
e-empresa – ciberempresa
e-empresário – ciberempresário
e-ensino – ciberensino
e-escola – ciberescola
e-eventos – cibereventos
e-exercícios – ciberexercícios
e-formação – ciberformação
e-formador – ciberformador
e-formando – ciberformando

e-governo – cibergoverno
e-laboratório – ciberlaboratório
e-learning – ciberaprendizagem
e-mercado - cibermercado
e-montra - cibermontra
e-news – cibernotícias
e-português – ciberportuguês
e-produtividade – ciberprodutividade
e-produto - ciberproduto
e-secretaria – cibersecretaria
e-serviços – ciberserviços
e-travel – ciberviagem
e-universidade – ciberuniversidade

16. De que falamos e o que dizemos[1]

Os conceitos, numa dada língua, podem ser individualizados em palavras isoladas, porém, quando pretendemos transmitir os nossos pensamentos, ideias ou sentimentos através do discurso, unimos as palavras em frases e as frases umas às outras, de modo a formarmos um enunciado.

Enquanto a frase se situa ao nível da sintaxe (componente da gramática que estuda a formação das frases – a ordem das palavras, as funções sintáticas, as regências verbais, nominais e adjetivais, etc.), um enunciado situa-se ao nível do discurso. Todo o ato discursivo é cognitivo, social, cultural e... linguístico.

Num ato discursivo, estabelece-se o diálogo entre um enunciador ou locutor e um co-enunciador ou interlocutor, sendo reconhecida ao locutor a intenção primeira de influenciar, de uma maneira ou de outra, o seu interlocutor. Deste modo, facilmente se poderá compreender que a correção linguística não surja em primeiro lugar, quando se produz um ato discursivo. Fazer passar a mensagem tornou-se o único objetivo, daí que, caso não estivéssemos a falar de questões de língua, se aplicaria com propriedade a máxima "vale tudo para se atingirem os fins".

Ora, a estrutura linguística, sobretudo a morfologia e a sintaxe, está para o discurso como os alicerces estão para um edifício. Se os alicerces não sustentarem o edifício, em pouco tempo abrir-se-ão fissuras mais ou menos graves nas paredes e, sem uma intervenção atempada, o edifício terá os dias contados. O mesmo tem vindo a acontecer com a Língua Portuguesa, sobejamente por todos maltratada. E, se a língua se queixasse, seriam infinitas as suas queixas nos dias que correm, queixas essas que se prenderiam com o facilitismo vigente, transformado num encolher de ombros e na desresponsabilização geral.

---

[1] Publicado no Suplemento de Educação, in *Correio dos Açores* (19.02.2004) e Montenegro, H. M. (2005: 55-59).

É verdade que vivemos numa era de grandes transformações; que essas transformações necessariamente influenciam a maneira como usamos a língua; que todas as línguas evoluem e se modificam ao longo do tempo. Mas, não se deverá confundir a evolução natural de uma língua com ignorância do funcionamento dessa mesma língua, pois essa só pode conduzir à mediocridade.

No parágrafo abaixo transcrito está patente um erro hoje frequente, quer na oralidade, quer na escrita. Veja o leitor se o encontra.

A evidência que a Língua Portuguesa perdeu todo o seu prestígio surge-nos numa sigla caricata com que recentemente apareceu num jornal. No meio de uma notícia, começo a ler LP para cá e LP para lá. Não me apercebi logo que se falava da Língua Portuguesa. Vejo LP, sim senhor, tal e qual, sem espaço, nem ponto depois do L e do P, e esbarrei. Não percebi do que se tratava e não foi por miopia. É preciso não nos esquecermos que LP traz ainda à lembrança de alguns de nós *long plays* (discos de vinil) a tocar noite fora. Quando penso de que a língua reflete e é reflexo do nível sociocultural de um povo, não posso deixar de medir a distância entre LÍNGUA PORTUGUESA e LP. Uma sociedade que reduz a sua própria língua a uma minúscula sigla não pode esperar de que os seus jovens terminem o ensino obrigatório a dominar as complexas e difíceis regras por que se rege o Português. Há dias infelizes e expressões mais infelizes ainda!

Se encontrou o erro em causa, então tem o Português em dia. Trata-se de um problema de regência, ou seja, de alguns verbos, nomes ou adjetivos que são regidos de preposição aparecerem frequentemente sem a preposição e de outros que não são regidos virem acompanhados de preposição. Eis como se deveria apresentar o parágrafo:

A evidência **de** que a Língua Portuguesa perdeu todo o seu prestígio surge-nos numa sigla caricata com que recentemente apareceu num jornal. No meio de uma notícia, começo a ler LP para cá e LP para lá. Não me apercebi logo **de** que se falava da Língua Portuguesa. Vejo LP, sim senhor, tal e qual, sem espaço, nem ponto depois do L e do P, e esbarrei. Não percebi do que se tratava e não foi por miopia. É preciso não nos esquecermos **de** que LP traz ainda à lembrança de alguns de nós *long plays* (discos de vinil) a tocar noite fora. Quando penso **que** a língua reflete e é reflexo do nível sociocultural de um povo, não posso deixar de medir a distância entre LÍNGUA PORTUGUESA e LP. Uma sociedade que reduz a sua própria língua a uma minúscula sigla não pode esperar **que** os seus jovens terminem o ensino obrigatório a dominar as complexas e difíceis regras por que se rege o Português. Há dias infelizes e expressões mais infelizes ainda!

Que modificações se fizeram? Colocaram-se três preposições (**de**) e retiraram-se duas (**de**). A mensagem ficou alterada? Não. Então, perguntarão alguns, afinal que importância têm estes pequeninos *de*? Estas preposições incorretamente ausentes ou presentes terão tanta importância quanta a que é atribuída à Língua Portuguesa...

São inúmeros os casos em que sem qualquer razão, a não ser a do desconhecimento, foi abolida a preposição **de** antes da conjunção integrante **que**. Por oposição, e por se imitarem fracos modelos, foi acrescentada a referida preposição após verbos ou adjetivos que não são regidos por *de*. Exemplo anedótico, reconhecido por todos, é o célebre *Penso eu de que...*

Não será necessário procurarmos muito para ouvirmos ou encontrarmos frases como: *Duvida-se que o défice vá diminuir.* por *Duvida-se **de** que o défice vá diminuir; Os contribuintes receberam a informação que a devolução do IRS estava atrasada.* por *Os contribuintes receberam a informação **de** que a devolução do IRS estava atrasada.; Todos estavam convencidos que o projeto seria aprovado.* por *Todos estavam convencidos **de** que o projeto seria aprovado.; Chegou-se à conclusão que a obra deveria ter sido adiada.* por *Chegou-se à conclusão **de** que a obra deveria ter sido adiada; A Função Pública estava à espera que os salários fossem aumentados.* por *A Função Pública estava à espera **de** que os salários fossem aumentados.*

Como a língua tem os seus caprichos, há também verbos que podem ocorrer com a preposição em determinados casos e sem preposição noutros. O verbo informar permite duas sintaxes: **informar que** e **informar alguém de que**. Comparem-se os exemplos: *Informaram, pelo altifalante, **que** o voo estava atrasado.* e

*Informaram **os passageiros de que** o voo estava atrasado.* Hoje vulgarizou-se o uso do verbo informar sempre com a mesma sintaxe – ou sempre com *de*, ou sempre sem *de*, consoante o gosto de quem escreve. No entanto, as duas sintaxes deverão ser aplicadas segundo o exemplo: *Informa-se que a reunião foi adiada.* e *Informa-se V. Ex.ª. de que a reunião foi adiada.*

Para quem tenha dificuldades em utilizar *que* ou *de que* junto de verbos, nomes e adjetivos, a solução é de grande simplicidade: interroga-se o verbo, o nome ou o adjetivo e verifica-se se na pergunta foi necessário colocar ou não *de*. Assim, retomando alguns dos exemplos anteriores, pergunte-se: A evidência **de** quê? Apercebeste-te **de** quê? Não nos esquecermos **de** quê? Informo V. Ex.ª **de** quê? Mas, Quando penso o quê?, Não pode esperar o quê? Informo o quê? Na resposta ou na forma afirmativa dever-se-á utilizar a preposição sempre que a mesma esteja presente na interrogativa: *Duvida-se **de** quê? Duvida-se **de** que o défice vá diminuir.*

Conhecer as regras do funcionamento gramatical do Português resolveria o problema dos usos incorretos, não só neste caso particular das regências, como em todos os aspetos respeitantes à estrutura da frase, base de todo o enunciado. Torna-se urgente e imperioso investir no ensino da gramática nas aulas de Língua Portuguesa, de modo a que sejam ultrapassadas as limitações dos alunos na língua materna, as quais limitam tanto o conhecimento do mundo como o agir social.

17. O sentido das palavras[1]

Atualmente, seguindo-se os estudos desenvolvidos pela Pragmática e pelas Teorias da Enunciação, tende-se a analisar as trocas discursivas, não de acordo com o esquema jakobsoniano baseado nas comunicações telefónicas, mas tendo em conta as mútuas influências entre Locutor e Interlocutor.

Para que a comunicação se estabeleça entre o Locutor e o Interlocutor, é necessário que o Locutor respeite, segundo a proposta de Grice, quatro máximas, a saber: **a máxima de quantidade** (o Locutor deve tornar a contribuição tão informativa quanto for requerido); **a máxima de qualidade** (o Locutor não deve dizer o que crê ser falso); **a máxima de relevância** (o Locutor deve ser relevante; não deve fazer afirmações sobre assuntos e temas dos quais não disponha de todos os dados); **a máxima de modo** (o Locutor deve evitar obscuridade de expressão ou ambiguidades; deve ser breve e metódico).

Paralelamente, é fundamental que tenha lugar o **princípio de cooperação**, uma espécie de pacto de cooperação entre Locutor e Interlocutor durante a interação discursiva. Mas, para que o Interlocutor colabore ou coopere com o Locutor, entram ainda em jogo outros fatores, como seja, o registo linguístico utilizado pelo Locutor, recaindo o enfoque não sobre uma língua na sua totalidade, mas sobre a "parcela" que vai ser utilizada pelo Locutor, isto é, o Locutor deve conhecer o seu Interlocutor e adequar o seu registo, se quiser, claro está, ser compreendido pelo destinatário do seu discurso.

Quando falamos em registo linguístico, referimo-nos regra geral aos três registos sociais: culto, norma-padrão e popular. A tendência atual é para se distinguirem dois registos discursivos – o formal e o informal – sendo que o grau de formalidade e de informalidade no discurso poderá variar.

---

[1] Publicado no Suplemento de Educação, in *Correio dos Açores* (19.05.2005) e Montenegro, H. M. (2005: 95-98).

Será fácil reconhecer-se que o discurso formal, quer oral, quer escrito, exige um vocabulário selecionado, adequado ao tema e ao auditório, aos destinatários, bem como correção morfológica e sintática, ou por outras palavras, enquanto a gramática num discurso informal pode ser "mais liberal", o mesmo já não acontece com um discurso formal, o qual deverá respeitar a correta aplicação das regras morfológicas, sintáticas, semânticas e lexicais, no nosso caso, da Língua Portuguesa.

Neste artigo, centraremos a nossa atenção no vocabulário, a parte do léxico que cada um de nós atualiza quando fala ou ouve alguém falar, quando escreve ou lê, ou seja, as palavras que empregamos e não todas aquelas de que temos um conhecimento passivo.

O número de palavras empregues quotidianamente por cada um de nós é variável, havendo palavras de alta frequência, repetidas amiúde, e outras de baixíssima frequência que, pela sua raridade, exigem o recurso ao dicionário para o seu sentido ser integralmente captado. A título de exemplo, refira-se que o léxico do Português comportará cerca de 500.000 palavras, mas um falante médio não irá além das 5.000, 8.000 palavras, enquanto um falante culto poderá elevar esse número a 25.000 palavras. Por curiosidade, refira-se ainda que estudos recentes apontam no sentido de os praticantes da linguagem sms (mensagens sms) não usarem mais de 200 palavras diferentes.

O léxico de qualquer língua não é estático, evolui através da criação de neologismos, vocábulos novos provenientes de outras línguas (estrangeirismos e empréstimos), ou formados a partir de outros vocábulos já existentes na língua, que passam a incorporar novas significações. Para além de as definições das palavras figurarem nos dicionários, é através da sua circulação que vão sendo divulgadas as suas significações e sentidos, que se vão conhecendo os contextos em que se empregam, que, enfim, se padronizam e se fixam no vocabulário corrente.

A maior ou menor circulação de uma palavra ou de uma expressão poderá associar-se a determinadas realidades culturais e sociais. Habituámonos a ouvir e a repetir expressões como "politicamente correto", "sociedade civil", "Europa dos cidadãos", tal como já ouvimos outras expressões e já nos desabituámos delas, como "cortina de ferro", "guerra fria", "bloco de leste".

Muitas palavras podem ser substituídas por outras de valor equivalente, sendo, portanto, sinónimas. Continuam, porém, os linguistas a interrogar-se sobre se haverá sinonímia perfeita, defendendo alguns que só há casos de sinonímia parcial. Tome-se o exemplo das palavras *sucesso* e *êxito*. Ambas apontam para um resultado positivo, sendo que, etimologicamente, a palavra *sucesso* se encontra associada a um movimento para dentro e *êxito* a um movimento para fora. Não poderemos deixar de relacionar esses movimentos com o individualismo do *sucesso* e o coletivismo do *êxito*. Assim, a sociedade de sucesso é individualista, a sociedade do êxito é altruísta: a primeira privilegia o sucesso do indivíduo; a segunda pretenderá levar a sociedade à concretização de realizações positivas para o bem comum.

São incontáveis os exemplos de usos inapropriados de palavras, desrespeitando-se as suas propriedades semânticas. Muitas vezes, confundem-se os sentidos das palavras, por desinformação, afirmando-se o contrário do que se quer dizer. Por exemplo, o adjetivo *reacionário* toma, por vezes, erroneamente o sentido de *revolucionário*, quando, na verdade, têm sentidos opostos: *reacionário* significa conservador, alguém que pretende manter ideologias do passado e que se opõe a transformações sociais; *revolucionário*, por sua vez, significa alguém que pretende uma revolução política que implique grandes transformações sociais. De onde vem a confusão? Ambas as palavras são divulgadas simultaneamente com a Revolução do 25 de Abril, fazendo crer a alguns que eram sinónimas e que chamar a alguém reacionário era o mesmo que chamar revolucionário, associando-se às duas a ideia de perturbação social.

As palavras têm traços semânticos inerentes que devem ser respeitados, sob pena de, abandonando o **princípio de cortesia**, ofendermos o nosso interlocutor. Por exemplo, algumas palavras têm o traço "humano", enquanto outras têm o traço "não humano". É o caso dos verbos *requalificar* e *reciclar*, e dos nomes *requalificação* e *reciclagem*. Enquanto *requalificar* e *requalificação* se empregam com pessoas e objetos, *reciclar* e *reciclagem* apenas se aplicam a objetos.

Note-se a correta e adequada formação de enunciados como: *A requalificação de ativos é urgente.; A requalificação do parque veio beneficiar a cidade.; A reciclagem traz benefícios económicos e ambientais.* Repare-se, no entanto, como se sentiriam ofendidos os visados, se um diretor de pessoal de uma empresa se dirigisse aos funcionários nos seguintes termos: *A empresa pretende reciclar todos os porteiros.* Tal já não aconteceria se o mesmo diretor dissesse: *A empresa pretende requalificar todos os porteiros.*

Poderemos claramente observar o sentido negativo que *reciclar* e *reciclagem* evocam quando atribuídos a seres humanos, por se associarem, relativamente aos objetos, àquilo que já não tem préstimo nem uso.

O **princípio de cortesia** diz-nos que, se quisermos conquistar a "benevolência" do nosso auditório, não deveremos ofendê-lo; não deveremos à raposa servir o jantar numa ânfora, nem à cegonha servi-lo num prato raso.

18. A causa e a consequência[1]

Saber a causa das coisas é preocupação que tem perseguido o Homem desde sempre. À procura da causa também cedo se associou a explicação, sendo ambas fundamentais para a compreensão do mundo seja físico, seja abstrato. Esta terá sido a principal razão, embora externa às línguas naturais, do desenvolvimento de mecanismos linguísticos, que permitem traduzir a **causa / explicação** e a **consequência**.

A Língua Portuguesa, tal como as demais línguas, oferece várias estruturas frásicas que possibilitam expressar relações de causa / efeito, distribuindo-se as mesmas, na tradição gramatical, pela **coordenação** e **subordinação**.

A relação causa / consequência pode ser expressa através de frases **coordenadas**, nomeadamente: **copulativas** (*Invista-se na formação das pessoas e deixará de haver pobreza social.*); **conclusivas** (*As competências hoje adquiridas, amanhã estão obsoletas.* ***Invista-se, portanto, numa formação generalista de bases sólidas.***); **explicativas** (*Cada geração prepara a geração seguinte.* ***Preparar os profissionais de amanhã é, pois, responsabilidade da escola de hoje.***).

Por sua vez, na subordinação, diversas estruturas frásicas proporcionam evidenciar-se relações de causa / consequência, a saber: **subordinadas adverbiais causais** (*Muitos jovens não seguem a sua vocação,* ***porque não conseguem ingressar nos cursos e nas universidades da sua preferência.***); **subordinadas adjectivas relativas explicativas** (*As notas obtidas nos exames do 12.º ano,* ***que são decisivas para a nota de candidatura ao ensino superior,*** *farão*

---

[1] Publicado no Suplemento de Educação, in *Correio dos Açores* (29.07.2004) e Montenegro, H. M. (2005: 60-63).

média com as notas do 3.º período, e com as do 10.º e 11.º anos.); **subordinadas adverbiais comparativas** (*Como as médias para ingressar no Curso de Medicina são as mais elevadas, perdem-se muitas vocações.*); **subordinadas adverbiais consecutivas** (*Os alunos do 12.º ano estudaram tanto que tiveram todos boas notas.*); **subordinadas adverbiais finais** (*Uma boa articulação entre os programas de Português dos diferentes ciclos é necessária para que não sejam desconhecidos dos alunos conteúdos fundamentais.*).

Também as frases **subordinadas adverbiais condicionais** e **concessivas** expressam a causa e a consequência. No caso das **condicionais**, poder-se-á associar a causa / condição a um estado de coisas realizável [no futuro – cf. (a)] ou não realizável [no passado – cf. (b)]: (a) *Se houver um programa mínimo de conteúdos para cada ciclo de ensino, a cumprir obrigatoriamente por todas as escolas, proporcionar-se-á a todos os alunos condições de êxito no futuro.*; (b) *Se tivesse sido estipulado um programa mínimo de conteúdos para cada ciclo de ensino, cumprido obrigatoriamente por todas as escolas, ter-se-ia proporcionado a todos os alunos condições de êxito.*

Já as **subordinadas adverbiais concessivas** implicam uma causa contrária à consequência ou aos resultados, pois indicam, muitas vezes, a oposição do que seria esperável ou aconselhável, daí precisamente o seu valor concessivo. Na frase, *Se bem que haja licenciados a mais nalgumas áreas, Portugal continua a ter uma baixa taxa de licenciados.*, parte-se da proposição *"Portugal tem licenciados a mais nalgumas áreas"*, sendo a consequência esperável, não a expressa, mas sim *"Portugal tem uma elevada taxa de licenciados."*

A estas estruturas frásicas com valor causativo, poderemos ainda acrescentar orações **participiais** (*Realizados os exames, já saberemos se o Ricardo tem hipóteses de escolher o curso que sempre quis tirar.*), **infinitivas** (*Sem finalizarem os exames, as gémeas não poderão descansar.*) e **gerundivas** (*Não ocupando lugar, o saber é o melhor bem do mundo.*).

Empregam-se também, frequentemente, para indicar relações de causa e consequência, **advérbios** e **locuções**, como *então* (*Cada professor segue os seus próprios critérios de avaliação, **verificando-se, então, grandes disparidades nos resultados dos exames.**), **assim** (*Alunos do Secundário visitaram a Universidade dos Açores para conhecerem o trabalho dos professores e investigadores. **Assim, poderão escolher melhor o seu futuro.**), e **desse modo** (*Viajámos muito com a Tuna Académica, **desse modo ficámos a conhecer o país e muitas cidades estrangeiras.**).

Para que se estabeleça uma relação de causa / consequência, não é apenas necessário respeitar regras gramaticais, é condição *sine qua non* estabelecer uma relação lógica entre a causa e a consequência. Por outras palavras, é fundamental que o nexo entre a causa e a consequência fique claramente expresso. Se esta regra for violada, a mensagem do texto torna-se obscura e, por vezes, nem repetidas leituras permitem esclarecer o leitor sobre afinal qual a relação de causa / efeito pretendida.

Podemos reconhecer incongruências na relação lógica entre as orações de valor causativo, essencialmente de dois tipos: uma em que ambas as orações expressam entre si uma relação contrária a princípios sociais, culturais ou morais (*Os estudantes escreveram duas linhas corretas, **portanto têm 20 valores.**); outra em que há ausência de relação direta entre a causa e a consequência (*O ensino superior comportará três ciclos – a licenciatura, o mestrado e o doutoramento. Assim, reconhecer-se-á quem estuda mais e quem estuda menos na Europa.*).

Considera-se, geralmente, que a leitura interpretativa de um texto depende do leitor, da sua cultura geral e preparação linguísticas. No entanto, essa interpretação depende também do autor – entendendo-se por autor todo aquele que escreve um texto para ser lido por um público, seja qual for a natureza do texto. Entre as máximas a respeitar, salienta-se o cumprimento das regras gramaticais básicas, a par de uma organização clara das ideias, conduzindo o leitor ao propósito do texto.

Várias ilações poderão ser extraídas deste escrito não só a propósito das frases empregues para a exemplificação, como também acerca do vasto leque de opções que se nos oferecem quando pretendemos escrever um texto, não tendo de se recorrer constantemente às mesmas estruturas. Ultimamente, os textos jornalísticos, sobretudo, têm abusado da locução causal *por causa de*, demonstrando uma grande pobreza linguística.

Deixa-se ao leitor espaço para reflexão, impondo-se, contudo, uma observação final. Ao contrário do que muitos pensam, é preciso muito esforço, perseverança e prática consequente para se conseguir atingir um nível de escrita de qualidade.

19. A concessão e a oposição[1]

Resolvemos escrever sobre a concessão e a oposição, ou, mais precisamente, sobre as orações **coordenadas adversativas** e as orações **subordinadas adverbiais concessivas**, por frequentemente nos depararmos com extensos períodos onde ambas as estruturas se sucedem, retirando nexo ao texto. Só com muito esforço e boa vontade se chega a compreender o que o autor pretende dizer, isto se tivermos alguma paciência e não desistirmos a meio.

Tentaremos evidenciar as semelhanças e as diferenças das orações **coordenadas adversativas** e das orações **subordinadas adverbiais concessivas**, sublinhando, desde já, que a questão ficará longe de se esgotar. Acalentamos, contudo, o propósito de incentivar aqueles que escrevem regularmente a investir na estruturação das frases que compõem.

É possível estabelecer-se um certo paralelismo semântico entre as adversativas (orações iniciadas por **mas, porém**...) e as concessivas (orações introduzidas por **embora, apesar de**...). Optar-se por uma ou outra estrutura não é optar-se apenas por um estilo mais simples (o da coordenação), ou por um estilo mais rebuscado (o da subordinação). O sujeito falante, condicionado pelo seu conhecimento da língua, procurará a forma mais conveniente para transmitir a sua intenção. Como veremos, uma oração coordenada adversativa e uma oração subordinada adverbial concessiva podem transmitir a mesma ideia global, no entanto apelam a diferentes implícitos ou ideias subjacentes que condicionam a interpretação dessas orações.

Partamos, então, das frases a) e b):

---

[1] Publicado no Suplemento de Educação, in *Correio dos Açores* (25.09.2003) e Montenegro, H. M. (2005: 64-68).

a) Têm sido muitos os alertas, **mas as águas das lagoas continuam a escurecer**.
b) **Embora tenham sido muitos os alertas**, as águas das lagoas continuam a escurecer.

Podemos observar que ambas apresentam a mesma ideia, no entanto verificam-se algumas diferenças.

Em termos formais, na frase b), a oração subordinada adverbial concessiva (a negrito) é mais exigente, porque obriga ao uso do modo conjuntivo, enquanto na frase a), a oração coordenada adversativa (a negrito) se constrói com o modo indicativo, sem qualquer alteração na ordem dos seus elementos.

Em termos lógico-semânticos inverte-se a posição da consequência, que é contrária à causa nas duas estruturas. Seria ilógica, e contra o bom senso, uma frase como *As águas das lagoas continuam a escurecer, mas têm sido muitos os alertas*, posto que a oração *mas têm sido muitos os alertas* não será consequente de *As águas das lagoas continuam a escurecer*. O mesmo se evidencia na frase b), pois não faria qualquer sentido uma frase como *Embora as águas das lagoas continuem a escurecer, têm sido muitos os alertas*.

O que têm, então, em comum as orações coordenadas adversativas e as subordinadas adverbiais concessivas? A **oposição** entre a oração coordenada e a oração coordenante, e entre a oração subordinada e a subordinante. Essa característica impede que ambas ocorram na mesma frase, considerando-se uma frase como c) incorreta.

d) * **Embora tenham sido muitos os alertas**, as águas das lagoas continuam a escurecer, **mas ninguém parece apto a resolver o problema**.
e)

O que têm de diferente? Essa oposição, no caso da oração adversativa, é direta, mostrando um raciocínio linear, sem rodeios; no caso da oração concessiva, estabelece-se por meio de uma causa-condição. Quer isto significar que se reconhece implicitamente na frase b) uma recriminação por os alertas não terem tido eco, ou seja, *Se os alertas tivessem tido eco, as águas das lagoas estariam a clarear, travando-se a eutrofização de que têm vindo a sofrer.* é o pensamento que a todos ocorre ao ouvir a frase b). Relativamente à frase a), estará antes subjacente um raciocínio do tipo conclusivo, como *logo os alertas não têm servido para nada*, o que, dando o facto como consumado, revelará um encolher de ombros face à resolução do problema.

Assim, as frases a) e b) contêm a mesma ideia, mas não dizem o mesmo da intenção daquele que fala. Na oração concessiva evidenciam-se, essencialmente, dois valores: por um lado, uma crítica implícita (veja-se novamente a frase b); por outro, uma justificação, como na frase ***Ainda que tivéssemos corrido todos os parques***, *não encontrámos lugar para estacionar*. Esta frase já não pode ser continuada por uma condicional, mas sim por uma causal, como *Não estacionámos **porque não encontrámos lugar nos parques***.

Considerando inadequada uma descrição exaustiva das condições de realização das orações adversativas e das orações concessivas, optámos por apresentar dois pequenos textos: o primeiro organizado com base em orações coordenadas adversativas (as **conjunções coordenativas adversativas** encontram-se a negrito); o segundo com base em orações subordinadas adverbiais concessivas (as **conjunções subordinativas concessivas** salientam-se a negrito).

A.

O investimento no ensino da Língua Portuguesa tem sido considerável, os resultados, **no entanto**, não correspondem aos meios investidos. Questionar o modo como foram empregues esses meios será útil para daí se retirarem algumas lições. **Mas**, a aplicação dos meios explicará todo o insucesso prático a nível do domínio do Português? É de incentivar uma análise criteriosa da situação, **todavia** essa análise deverá ter em conta vários fatores, entre os quais as medidas facilitistas entretanto superiormente tomadas. Estas, certamente, pesarão mais nos pratos da balança, **porém** não se vislumbra ainda uma verdadeira e consistente política para o ensino da língua materna nas nossas escolas.

B.

O investimento no ensino da Língua Portuguesa tem sido considerável, **se bem que** os resultados não correspondam aos meios investidos. Questionar o modo como foram empregues esses meios será útil para daí se retirarem algumas lições. **Apesar de** importante, explicará a aplicação dos meios todo o insucesso prático a nível do domínio do Português? **Embora** seja de incentivar uma análise criteriosa da situação, essa análise deverá ter em conta vários fatores, entre os quais as medidas facilitistas entretanto superiormente tomadas. **Por mais que** estes pesem nos pratos da balança, ainda não se vislumbra uma verdadeira e consistente política para o ensino da língua materna nas nossas escolas.

Servindo de modelo, poder-se-á observar no primeiro texto a diferente posição das conjunções, chamando-se a atenção para as vírgulas, obrigatórias quando a conjunção não segue imediatamente a seguir à oração coordenante, ou encabeça a frase, tomando um valor enfático.

No segundo texto, é de salientar o uso do modo conjuntivo, bem como a posição das conjunções concessivas. Geralmente a oração subordinada adverbial concessiva surge no início, conferindo a todo o conteúdo da frase um valor enfático. Algumas aceitam alterar a ordem, outras não. Compare-se d) e e); f) mas g):

d) O investimento no ensino da Língua Portuguesa tem sido considerável, **se bem que** os resultados não correspondam aos meios investidos.

e) **Se bem que** os resultados não correspondam aos meios investidos, o investimento no ensino da Língua Portuguesa tem sido considerável.

f) **Embora** seja de incentivar uma análise criteriosa da situação, essa análise deverá ter em conta vários factores, entre os quais as medidas facilitistas entretanto superiormente tomadas.

g) *Essa análise deverá ter em conta vários fatores, entre os quais as medidas facilitistas entretanto superiormente tomadas, **embora** seja de incentivar uma análise criteriosa da situação.

A interpretação dos dois textos, essa, pertence aos leitores...

20. Do agente da passiva e da sua ocultação[1]

Herança da tradição gramatical greco-latina, a passiva é estudada, nos manuais da gramática tradicional, como uma voz do verbo, como uma flexão verbal paralelamente ao tempo, ao modo, ao aspeto, à pessoa ou ao número. Hoje, na terminologia linguística, a passiva é classificada como uma construção frásica. Não se tratará apenas de um capricho terminológico: esta denominação pretende contemplar toda a frase, todos os constituintes envolvidos na operação da passivação e não apenas o verbo como era norma na gramática tradicional.

Ainda na gramática tradicional, a passiva é analisada em termos de uma conversão gramatical, como o resultado de uma permuta executada sobre uma frase ativa: mantêm-se os mesmos elementos – agente / paciente / verbo transitivo - ; alteram-se os lugares anteriormente ocupados pelo agente e paciente (o sujeito gramatical / agente na ativa passa a agente da passiva e o paciente objeto direto da ativa passa a sujeito da passiva); flexiona-se o verbo com o auxiliar ser + particípio passado (*A Ana viu um bom filme. / Um bom filme foi visto pela Ana*).

Resultado desta conversão, o paciente pode ser expresso como sujeito da oração. Na maioria dos manuais a esta informação se limita a notícia sobre a voz passiva. Cite-se, para exemplificação, Jerónimo Soares Barbosa:

> Mas se [o português] não tem verbos passivos, nem por isso deixa de ter voz passiva, isto he, huma fórma de expressão, que o verbo adjetivo toma para indicar, que o sujeito da oração não he já o agente como na voz ativa, mas o paciente da ação. Ora para isto basta-lhe so huma Linguagem simples, que he a do particípio perfeito passivo, declinado por géneros, e por números deste modo.[2]

À *passiva de ser* também tradicionalmente classificada de "ação", dois outros tipos são acrescentados: a *passiva de estar* ou de "estado" e a *passiva de se* ou passiva média. Conquanto não me detenha na classificação de passiva atribuída a certas frases, ilustradas em *O livro está bem feito* ou *O pequeno estava*

---

[1] Texto integralmente publicado nas *Atas do IX Encontro de Linguística*, Associação Portuguesa de Linguística, Coimbra, 1993 e parcialmente em Montenegro, H. M. (2005: 104-11).

[2] Barbosa, Jerónimo Soares, *Grammatica philosophica da lingua portugueza ou principios de grammatica geral applicados à nossa linguagem*, Typographia da Academia Real das Sciencias, Lisboa, 2.ª ed., 1830, p. 254.

cansado de tanto andar, remetendo para Casteleiro (1981)[1] e Ranchhod (1990)[2], será oportuno referir que neste momento temos à nossa disposição princípios e critérios de análise, nomeadamente na teoria do léxico-gramática, que permitem analisar, com maior rigor, este tipo de frases nas construções de predicados nominais com *estar*.

Abandona-se, contudo, nesta comunicação, *a passiva de estar* principalmente por este tipo de passiva não corresponder à estrutura antes indicada para a passiva, ou seja, não participa de um agente e de um paciente invertidos. Em frases do tipo (1) *Os Açores estão rodeados pelo Atlântico.*, em que se prevê uma frase ativa correspondente – (2) *O Atlântico rodeia os Açores.*, a frase (1), mesmo que derivada de (2), parece ter perdido essa relação pelo uso. Enquanto (1) *Os Açores estão rodeados pelo Atlântico.* é uma frase natural que poderá ser justamente emitida por um falante do Português, (2) *O Atlântico rodeia os Açores.* já não parecerá tão natural. Neste caso, a pouca naturalidade de que se revestem certas passivas "canónicas" que só têm existência na gramática, como *O rato foi comido pelo gato*, revela-se na frase ativa (2). Encontrar-nos-emos, prevê-se, na presença de dois verbos *rodear*: o verbo *rodear* transitivo e a construção transitiva indireta *estar rodeado por*, tendo cada qual usos contextuais diferentes: *rodear* será mais frequentemente utilizado com um sujeito/agente [+humano], ex. (3) *O Tiago rodeia sempre as questões.*, enquanto estar rodeado por pode selecionar para sujeito/paciente quer um nome [-humano] quer um nome [+humamo], ex: (4) *O lago está rodeado por/de belas árvores.*; (5) *O Tiago está rodeado por/de bons amigos.*

Quanto à *passiva de se*, que manifesta igualmente características singulares na Língua Portuguesa, será objeto de referência, dado que as construções passivas que permitem a supressão do agente aproximam-se em muitos casos da passiva de ser. Comparem-se as frases (6) e (7):

(6) Foi assinado finalmente um acordo de paz entre a OLP e Israel.
(7) Assinou-se finalmente um acordo de paz entre a OLP e Israel.

---

[1] Casteleiro, João Malaca (1981). *Sintaxe Transformacional do Adjetivo*. Lisboa, INIC. (pp. 69-102).

[2] Ranchhod, E. (1990). *Sintaxe dos Predicados Nominais com* Estar. Lisboa, INIC.

Apesar de não ter constituído objetivo desta comunicação estudar os contextos em que o agente da passiva: 1) figura no enunciado; 2) não figura no enunciado e não pode ser restabelecido; 3) não figura no enunciado, mas pode ser restabelecido, registei alguns dados significativos para o objeto em causa – *o agente da passiva e a sua ocultação*. Quanto à presença ou apagamento do agente da passiva, num número de trezentas frases selecionadas do Português corrente escrito, na maioria textos de informação, 54% apresentava o agente expresso, enquanto em 46% se verificava o apagamento do mesmo. Aparentemente esta diferença não parecerá significativa. No entanto, analisando de entre estas frases 50 verbos, 88% permitiam o apagamento do agente da passiva, podendo inserir-se um elemento linguístico entre o verbo auxiliar e o particípio passado. As frases (8)a., e (8)b. e (8)c. ilustram a propriedade referida.

(8)a. A sessão foi dirigida pela presidente da mesa.
(8)b. A sessão foi dirigida.
(8)c. A sessão foi bem dirigida.

Numa base da diferenciação de comportamento sintático prevista para as construções verbais que não aceitam a supressão do agente, poder-se-ia argumentar por uma hierarquização dos verbos que admitem passiva de ser. Registaram-se ainda verbos, como *disputar*, *eleger*, *oferecer*, *propor*, *provocar*, *recomendar*, *utilizar* e *ver*, que, quando em contextos com valor restritivo como a relativização, não permitem o apagamento do agente, pois este terá aí também um valor determinativo. Comparem-se as frases (9)a. e (9)b. A aceitabilidade de (9)b. será contestada, visto que se perdeu o valor restritivo indicado em (9)a.

(9)a. Tomaram-se em consideração as medidas de segurança que foram recomendadas pelas escolas.
(9)b. Tomaram-se em consideração as medidas de segurança que foram recomendadas.

Releve-se igualmente a constatação de que, nas construções *passivas de ser* analisadas, alguns verbos exigem a presença do agente da passiva, mas nenhum exige o seu apagamento. Logo, poder-se-á avançar que a "supressão ou ocultação" do agente da passiva não depende de imposições de ordem sintática. Daí que não tivesse sido considerado pertinente o estudo dos contextos sintáticos em que ocorria ou não o agente da passiva.

Estudada como construção frásica, a passiva, tal como outras construções frásicas, não pode ser "em caso algum, assimilada a modificações de discurso". Um princípio que tem merecido grande aceitação é o de que, na passiva, se relega para segundo plano o agente semântico/sujeito gramatical da ativa. E de tal modo é o sujeito/agente relegado, na passiva, para segundo plano que, considerado já não elemento fundamental na frase, a sua supressão é permitida. Estas poderão ser as conclusões a que se chega ao analisar-se gramaticalmente a frase passiva correspondente a uma frase ativa – confrontem-se os exemplos (10), (11) e (12).

(10) O carro atropelou o transeunte.
(11) O transeunte foi atropelado pelo carro.
(12) O transeunte foi atropelado.

Mas serão as mesmas conclusões tão evidentes se nos colocarmos no plano da enunciação? Será que uma frase passiva veicula a mesma informação da frase ativa correspondente?

Se analisarmos a frase (10) *O carro atropelou o transeunte*. Em termos de **tema** (o que é conhecido) **e comentário** (o que é novo), faremos a seguinte interpretação: **o carro** é tema e **atropelou o transeunte** é o comentário. Logo a informação nova é **o transeunte ter sido atropelado**.

Para a análise da passiva correspondente (11) *O transeunte foi atropelado pelo carro*, duas hipóteses poderão ser colocadas:

a) **o transeunte** mantém a sua categoria de **comentário** e pelo carro de **tema**;
b) pelo carro faz parte do **comentário**, sendo, portanto, não-tema e o transeunte é **tema**.

A hipótese a) é a que suporta o entendimento de que o agente na passiva está em segundo plano, o que permite o seu apagamento, ou seja, um locutor que afirme (11) *O transeunte foi atropelado pelo carro*, ao topicalizar o paciente, neste caso o transeunte, estará a enfatizar o facto de este ter sido atropelado. Dizer (11) *O transeunte foi atropelado pelo carro*, seria então o mesmo que (12) *O transeunte foi atropelado.* ou (13) *Atropelaram o transeunte*. A competência lexical do interlocutor informá-lo-ia de que o agente semântico de atropelar é um veículo. A possibilidade de apagamento do agente favorece a hipótese de que ele é tema, logo já "conhecido".

Confirmada de modo tão evidente a hipótese a), parece não ter lugar b). Porém, atente-se em (14) *O transeunte foi atropelado pelo carro da polícia*. Tendo-se procedido à determinação do carro, alterou-se o que antes fora tido como "conhecido", como tema. *Pelo carro da polícia* fará parte agora do comentário, predicando de certa forma o sujeito. (14) *O transeunte foi atropelado pelo carro da polícia*. já não tem como equivalentes semânticos (12) *O transeunte foi atropelado*. ou (13) *Atropelaram o transeunte*.

Se retomarmos ainda a frase ativa (15) *O carro da polícia atropelou o transeunte*., correspondente a (14), em que o carro da polícia é **tema,** verifica-se que (15) *O carro da polícia atropelou o transeunte*. não diz o mesmo que (14) *O transeunte foi atropelado pelo carro da polícia*. A capacidade de deslocação do agente da passiva para primeiro lugar na frase, por exemplo (16) *Pelo carro da polícia o transeunte foi atropelado*., diz-nos da verificação da hipótese b); a ênfase que recai sobre este constituinte revela-o como "dito"/comentário e não como "conhecido"/tema.

A manipulação de exemplos vários favoreceu a seguinte verificação: se a nível sintático podemos constatar os mesmos elementos gramaticais na frase ativa e na frase passiva, a nível da enunciação tal correspondência poderá não ser total. Este princípio favorece à passiva a possibilidade de produzir modificações a nível do discurso, o que, por sua vez, permite afirmar-se que uma frase ativa e uma frase passiva não dizem necessariamente o mesmo. Estas considerações fazem-nos discordar de a supressão do agente da passiva ser considerada um processo de "neutralização" do sujeito/agente.

Com esta análise, embora sucinta, da *passiva de ser* em termos da enunciação, pretendeu-se demonstrar que a frase ativa e a frase passiva não dizem o mesmo. Para que uma frase ativa e a sua correspondente passiva não digam o mesmo é elemento fundamental o agente: enquanto o sujeito/agente na ativa só pode ser tema /"conhecido", o agente da passiva pode ser interpretado como tema/"conhecido" ou como comentário/"novo". Esta segunda possibilidade leva a colocar-se o enfoque na construção passiva de ser não apenas como um processo de topicalização do Objeto/paciente e consequentemente de ênfase desse objeto, mas também como um processo de enfatização do sujeito/agente, quer através da sua deslocação à esquerda, quer através do seu apagamento.

Mas, mais importante, o agente da passiva interpretado como comentário/novo permite considerar-se a *passiva de ser* não uma conversão sintática que coloca o objeto/paciente em sujeito gramatical da oração, mas antes, e essencialmente, uma estratégia de supressão e ocultação do agente, um processo de manipulação do locutor. A ocultação do agente da passiva possibilita ao locutor agir sobre o interlocutor pela negativa, ou seja, possibilita-lhe colocar-se num nível superior, assumindo-se detentor da informação que não pretende revelar.

Como uma estratégia de supressão e ocultação do agente, *a passiva de ser* poderá incorporar-se nos atos ilocutórios indiretos. Reconhecemo-la como "dizer implícito", o qual, segundo Kerbrat Orecchioni (1986)[1], sempre se enuncia sob uma capa, através de palavras "escondidas". Dito de outro modo, um "dizer implícito" não respeita a máxima conversacional de que o que se tem a dizer deve ser dito explicitamente. Um sujeito falante que recorra à construção passiva e à ocultação do agente explicitamente quer não dizer tudo, explicitamente pretende dar uma informação incompleta ao seu interlocutor.

Expressando a *passiva de ser* a atitude do sujeito falante, a sua intenção, o seu estudo revelar-se-á mais adequado se for incluído não só na componente sintática da gramática, como se observa na maioria dos manuais, mas também na componente semântica e pragmática. O interesse do estudo da *passiva de ser* encontra-se, creio, não na descrição de quais verbos aceitam ou não a transformação passiva, não na construção de frases de laboratório que, para além do jogo gramatical, pouca representatividade terão num estudo especulativo da língua, mas no desvelar, este processo gramatical, os silêncios significativos na língua.

---

[1] Kerbrat-Orecchioni, Catherine (1986). *L'implicite*. Paris, Armand Colin.

21. A língua como espelho social: formas de tratamento[1]

Muitos ainda terão na memória os tempos em que era considerado incorreto o tratamento por "tu" a um chefe ou a familiares mais velhos, como de filhos para pais. Oscilavam as formas de tratamento entre V. Exa., V. Senhoria, O Senhor Dr. Neves, O Senhor João, A Senhora Eulália ou a Dona Eulália, numa sociedade estratificada, como era a sociedade portuguesa antes do 25 de Abril. Hoje parecer-nos-ia completamente desajustado o tratamento de V. Senhoria num estabelecimento público entre o empregado e o cliente, porque o sistema das formas de tratamento evoluiu muito nas últimas três décadas. No entanto, permanecem muitas hesitações, pois deparamo-nos no nosso dia a dia com formas de tratamento que, a maior parte das vezes, se encontram desajustadas – se não mesmo incorretas.

As formas de tratamento apelam mais diretamente à adequação discursiva entre o locutor e o interlocutor numa situação de comunicação que se desenvolve num dado contexto sociocultural. Deste modo, as incorreções gramaticais são menos frequentes do que os desacertos discursivos.

Como incorreção gramatical podemos apontar a ocorrência simultânea de formas de "tu", quer pronominais, quer verbais, e de formas de 3.ª pessoa, do tipo "Dona Ana, *vens* connosco?". A não ser num contexto familiar (por exemplo, entre marido e mulher, onde todas as combinações são possíveis, revelando tanto a proximidade da relação como a afetividade), a frase correta deveria ser "Dona Ana, *vem* connosco?".

Inadequado será um entrevistador, tendo apresentado com distanciamento o Presidente de um Instituto, perguntar de seguida: "Quais as medidas que *vocês* pensam pôr em prática (...)?"

---

[1] Publicado no Suplemento de Educação, in *Correio dos Açores* (10.04.2003).

Em contrapartida, já será aceitável que uma cliente, sem conhecer a empregada do Café, se lhe dirija, tratando-a por "Querida" ("Querida, estou cheia de pressa. Tenho camioneta agora!"). No entanto, se o empregado fosse do sexo masculino já seria menos próprio o tratamento por "Querido". Aqui a aceitabilidade decorre de "Querida e Querido", para além de ser de uso familiar entre os micaelenses e açorianos, permitir, noutros contextos menos familiares, apelar à boa vontade do interlocutor. Já o mesmo tratamento entre pessoas dos dois sexos, que não se conheçam, não é socialmente bem aceite.

Vigorou, no Português Europeu, até há cerca de trinta anos, um sistema altamente complexo e hierarquizado de formas de tratamento, que espelhava uma sociedade arcaizante, baseada em classes sociais cuja mutabilidade foi durante muito tempo impossível ou até proibida (refira-se, como exemplo, a proibição social de casamentos entre membros de diferentes classes). A Revolução dos Cravos promoveu rapidamente o uso de um sistema mais simplificado, como, por exemplo, a generalização do tratamento por "tu", já anteriormente utilizado por alguns grupos sociais.

Hoje, poderemos descrever o sistema de Formas de Tratamento no Português Europeu seguindo como parâmetro o grau de proximidade ou afastamento entre o locutor e o interlocutor, o que permite distinguir três tipos: tratamento informal, tratamento formal e tratamento de cortesia.

No tratamento informal há uma maior proximidade ou familiaridade entre locutor e interlocutor, recorrendo o primeiro a formas de 2.ª pessoa do singular (*Foste ao cinema?*) e de 3.ª pessoa do plural (*Vocês foram ao cinema?*). Sublinhe-se que, no Português padrão, o tratamento na 2.ª pessoa do plural (vós e respetivas formas verbais) foi substituído pela 3.ª pessoa do plural, combinando-se, porém, com formas pronominais de 2.ª pessoa do plural, como "*Trouxeram os vossos livros?*" em vez de "*Trouxestes os vossos livros?*"

Num tratamento formal utiliza-se a 3.ª pessoa do singular ou do plural nas formas nominais, pronominais e verbais. Também, neste caso, desapareceu a 2.ª pessoa do plural, mantendo-se algumas formas pronominais, por exemplo do possessivo. Assim, num tratamento formal teríamos expressões do seguinte teor: "Dr. Lopes, trouxe o *seu* computador?"; "Senhores professores, olhem para os *vossos* monitores e observem as maravilhas da técnica!" A graduação das formas empregues num tratamento formal é variável, de acordo com a distância que se queira marcar entre locutor e interlocutor; ao seguir-se diferentes normas sociais, seguem-se necessariamente regras linguísticas distintas.

Estas duas formas de tratamento (formal e informal) são mediadas por um tratamento de cortesia; uma forma mais impessoal e neutra, utilizada quando o locutor não tem intimidade com o interlocutor, nem qualquer razão que imponha um tratamento formal, servindo-se da 3.ª pessoa do singular ou do plural. Esta opção por um tratamento de cortesia (não confundido com o tratamento formal por estar ausente um estilo mais cerimonioso, indicado pelo grau académico da pessoa a quem nos dirigimos, ou pelo cargo que ocupe) é propícia à "boa convivência".

Acrescente-se que, por um lado, a forma pronominal "você", embora possa ser empregue num tratamento formal ou de cortesia, consoante o tom pode parecer depreciativa. Pense-se novamente no entrevistador do Presidente de um Instituto que no meio da entrevista passa de "Senhor Presidente" a "Você". Por outro lado, a forma pronominal "vocês" ocorre apenas como plural de "tu", não devendo, portanto, utilizar-se quer como forma de cortesia, quer como tratamento formal. Observe-se a diferença entre: "Vocês querem ver a mesa aberta?" e "Os senhores querem ver a mesa aberta?", frases pronunciadas por dois lojistas aos mesmos clientes, sem que houvesse familiaridade entre estes e qualquer um dos lojistas.

A Língua Portuguesa dispõe de diversos recursos para marcar uma maior ou menor distância entre locutor e interlocutor, selecionando o primeiro a forma que melhor traduza a relação que mantém com o segundo. É, por isso, que as hesitações no uso de determinadas formas de tratamento continuam a afligir muitos de nós, provocando inclusive eventuais mal-entendidos. Esta é uma das questões que melhor exemplifica a língua enquanto espelho social, sendo, por conseguinte, tema privilegiado da pragmática e da sociolinguística.

22. O género dos nomes de profissões: marcas sociolinguísticas[1]

A sociolinguística, área da linguística que se desenvolve a partir dos anos 50 do séc. XX, com os trabalhos de Labov, tem como principal objetivo analisar o efeito da sociedade sobre a língua. Em que medida as mudanças sociais implicam ou acarretam alterações numa dada língua é uma das principais questões de investigação desta área científica.

Embora a relação entre sociedade e língua não seja uma relação unívoca, no respeitante ao género do nome de profissões, como demonstraremos, torna-se necessária a "autorização" dos falantes dessa língua para que uma nova forma permaneça na língua. Uma vez que o género do nome que designa uma dada profissão está ligado ao sexo daquele ou daquela que a desempenha, é por demais evidente que a entrada em massa da mulher no mercado de trabalho envolve grandes mudanças sociais e concomitantemente linguísticas.

Certamente que Diderot, ao propor, na *Enciclopédia* (1750-1760), a organização de uma "gramática das artes", não teria tido o problema de qualificar o nome *pedreiro* como masculino, sem contrapor qualquer termo para o feminino, pois concebia-se que pedreiro era o nome de um ofício executado por homens. Durante largos séculos, as profissões estavam separadas pelo sexo: havia profissões próprias de homens e outras próprias de mulheres, logo era natural a correspondência direta entre o género dos nomes de profissões e o sexo de quem desempenhasse essas mesmas profissões.

As mulheres, ao acederem em massa ao mercado de trabalho, vieram perturbar o universo linguístico respeitante, sobretudo, às chamadas profissões liberais que dantes eram dominadas por homens. Nomes como *advogada, médica,*

---

[1] Dedico este texto à Doutora Fátima Sequeira Dias impulsionadora dos Colóquios sobre os Estudos do Género. Publicado no Suplemento de Educação, in *Correio dos Açores* (08.06.2006), constituindo parte de uma comunicação apresentada no Colóquio sobre os Estudos do Género, realizado no Centro Cultural de Ponta Delgada, em 2002.

juíza não serão usados há mais de três ou quatro décadas, enquanto os homónimos masculinos terão vários séculos de uso. Mas, se os três nomes citados já não causam hoje hesitação, outros haverá que ainda não passaram do uso ao sistema, ou seja, um falante de cultura média se pronuncia *médica* sem hesitar, já não o fará para *carteira*. Ao encontrar uma mulher a distribuir cartas referir-se-á ao *carteiro*, ou talvez à *carteira*, com um sorriso irónico nos lábios. Não esquecendo o seu valor homonímico, *carteira* não surge imediatamente associada à função de carteiro, mas antes ao objeto.

Quem determina que uma palavra, em geral, faça parte do sistema de uma língua? Ou que força tem o uso para determinar o sistema? Esta questão foi pioneiramente colocada por Saussure, há bem perto de um século, nas suas aulas de Linguística, cujos apontamentos foram passados, postumamente, a livro pelos seus discípulos. A resposta definitiva não se encontra no *Curso de Linguística Geral* (1916), embora Saussure mostre favorecer a influência da língua na fala, i.e., do sistema no uso. Não atribuindo criatividade linguística individual ao sujeito falante, Saussure pressupõe o acordo de toda a sociedade para que o sistema linguístico seja alterado. Também Chomsky, por exemplo em *Knowledge of language. Its nature, origin and use* (1986), embora atribua um papel critativo ao sujeito falante, deixa subentender que a evolução linguística não é vontade de um só.

Façamos um pequeno exercício: pretendo que a partir de hoje se passe a chamar *internetista* todo aquele que esteja o seu dia a *internetar*. Mas, dirá a minha assistência, já está dicionarizada a palavra *internauta*, composta por aglutinação a partir de inter(net)+nauta, seguindo a mesma opção de *astronauta astro+nauta*, retomando-se a palavra latina *nauta, -ae* (o marinheiro, o navegador). E assim entendemos que *internauta* é aquele que navega na interrede, perdão internet. Mas eu insisto, e digo que também temos nomes denominais (i.e. derivados de outros nomes), formados através do sufixo *–ista*: *bateria > baterista; consumo>consumista...* É verdade, mas internetista não soa bem, talvez pela aliteração em *i*. E eu insistiria ainda com inquéritos a milhares de sujeitos falantes, via internet. E talvez internetista, palavra não encontrada nos dicionários, obtivesse uma maioria esmagadora. Então triunfalmente eu registaria a palavra no léxico Português.

Não, felizmente ainda não é assim que uma língua, no que respeita ao vocabulário, evolui. Frequentemente, são princípios extralinguísticos, valores culturais e sociais, que estão na base da aceitação de um neologismo e da rejeição de outro. Porque se aceita *enfermeiro*, mas não se aceita *parteiro*? Tradicionalmente, a enfermagem é uma profissão exercida na sua maioria por mulheres; *enfermeira* e *parteira* são nomes cujos referentes estiveram desde sempre associados a mulheres. Assim, apesar de o Português dispor do morfema *o* para indicar o masculino, o certo é que *enfermeiro* resiste, mas *parteiro* não.

Poder-se-ia estender a anterior afirmação a *doméstica* e *doméstico*, de *mulher a dias* e *homem a dias, empregada de limpeza* e *empregado de limpeza*.

Não será suficiente o sentir de cada sujeito falante para que um termo entre definitivamente no léxico comum de uma língua. Deverá então esperar-se que as designações dos nomes de profissões no feminino apareçam nas listas nacionais de classificação de profissões, no IRS ou nos Dicionários para serem reconhecidas socialmente?

O que nos dizem os dicionários, tesouros da língua? Algumas consultas ao *Grande Dicionário da Língua Portuguesa*, de Cândido de Figueiredo [GDLP] revelaram que na reedição atualizada, datada de 1996, perduram marcas sociolinguísticas dos finais do século XIX, data da sua primeira edição. No *Dicionário da Língua Portuguesa Contemporânea* da Academia das Ciências [DAC], cuja 1.ª ed. surgiu em 2001, houve a preocupação de indicar as formas femininas dos nomes das profissões.

No primeiro, regra geral, o lema dá entrada no masculino, sem que se indique a sua variação no feminino.

A consulta deste dicionário levaria um tradutor, um estrangeiro, a pressupor que na nossa língua não se realiza o feminino dos nomes da maioria das profissões. Já no segundo indica-se a flexão no feminino desses mesmos nomes. Vejam-se alguns exemplos de definições.

advogado, (Do lat. *advocātus*). 1. s. m. Aquele que advoga em juízo.
2. s. m. patrono, protetor (...) [GDLP: 70]

advogado, a, s. (Do lat. *advocātus*). Pessoa licenciada em Direito e inscrita na Ordem dos Advogados que tem como profissão dar consultas jurídicas ou representar em juízo pessoas ou instituições; pessoa que exerce a advocacia (...) [DAC: 96]

O mesmo sucede com médico, mas, em contrapatida *juíza* tem lugar próprio no Dicionário de Cândido de Figueiredo, continuando a marcar-se o género do substantivo (s. m. ou s. f.) e definindo-se **juíza** como "feminino de juiz". No Dicionário da Academia define-se **juiz** como a "Pessoa que julga, que faz julgamentos", recorrendo-se, portanto, a uma forma neutra.

Em relação a *parteira* e *parteiro*, o *Dicionário da Academia das Ciências* segue a ordem do género tradicional da profissão, ou seja, uma primeira entrada para **parteira**, uma segunda entrada para **parteiro, a**, sem que se estabeleça uma clara diferença entre ambas as entradas, a não ser o facto de se considerar *parteira* uma mulher que ajuda outra a ter um filho, sem ser diplomada. *Mulher a dias* tem direito a uma entrada isolada; não se faz qualquer referência a *homem a dias*. Já *doméstica* surge como "**doméstico, a** s. – Pessoa que presta serviços caseiros em casa de outrem pelos quais recebe pagamento." [DCA: 1304]

Observe-se também o que se passa com as patentes militares, meio predominantemente masculino, onde ainda há bem pouco tempo era impensável os homens partilharem as casernas com mulheres.

No Dicionário de Cândido de Figueiredo, *soldado, tenente, capitão, coronel* e *general* continuam classificados como substantivos masculinos. Curiosamente, no Dicionário da Academia das Ciências apenas *coronel* e *general* são classificados como substantivos masculinos e femininos, conservando-se *soldado, tenente* e *capitão* como substantivos exclusivamente masculinos. Neste caso a não uniformização de critérios poderá traduzir não apenas um olhar menos atento dos corretores, como também a própria dificuldade em a sociedade portuguesa ter aceite a participação das mulheres na vida militar. Lembre-se que o exército português foi o último, entre os países da Comunidade Europeia, a integrar mulheres nas suas fileiras.

Poderemos questionar por que não se estendeu a significação dos lexemas *capitoa, coronela* e *generala* à designação de um militar feminino com essa respetiva patente. A resposta acarreta razões de ordem socioculturais: estas palavras para além de se aplicarem à mulher de um *capitão, coronel* ou *general,* também se associavam a mulheres com qualidades masculinas, o que as descaracterizava enquanto mulheres. Ascender a uma carreira de homens foi entendido como uma vitória feminina que quebrava mitos e tabus. Logo, a necessidade de afirmação exigia o recurso a palavras não conotadas com dependência masculina.

Igual destino teve *embaixatriz*. Embora sem a carga negativa de *coronela* ou de *generala,* a identificação durante séculos com a mulher do embaixador (uma não profissão) levou ao aparecimento de *embaixadora*. Por seu lado, *governanta* não englobou o sentido de uma mulher desempenhar uma função governativa, optando-se por *governante*. Sem dúvida que a natureza das funções da tradicional *governanta,* associada ao estrato social de proveniência, não garantiam clareza a este substantivo, se se estendesse o seu sentido à governação de um país.

Estes e outros exemplos do género mostram-nos que não se poderá pensar no estabelecimento de uma nomenclatura das profissões a partir de regularizações linguísticas. Os colaboradores do Dicionário da Academia foram sensíveis às mudanças sociais no que respeita às profissões e ao facto de cada vez mais não estar previamente definido qual a relação entre o género e o sexo de uma profissão. No entanto, por vezes, foram esquecidos princípios culturais e sociais subjacentes a tão correta opção, que passou a ser apenas linguística, ou tão só "feministicamente" correta. Apesar de aí se encontrarem registadas as formas *leiteira* e *pedreira,* como função da pessoa que distribui o leite e trabalha a pedra, respetivamente, faça-se um inquérito, apure-se o ouvido e rapidamente chegaremos à conclusão de que quase ninguém empregará o feminino de *leiteiro* ou de *pedreiro*.

O mesmo acontece com os nomes comuns de dois géneros. Sem qualquer contrariedade aceitamos *o acionista* e *a acionista*. Todavia, *a agiota, a homeopata* ou *a humorista* não apresentam igual aceitação. Também, mais uma vez, não parece ser a forma linguística a determinar o uso de uma palavra. Recorrendo novamente ao Dicionário da Academia, indica-se aí que *agiota* é um substantivo masculino e feminino, porém os exemplos são sempre masculinos:

> **agiota** s. m. e f. (Deriv. regres. de lat. *agiotar*). 1. Pessoa que empresta dinheiro a troco de juros exorbitantes (…) «*talvez darei por fim em agiota, que é a única vida de emoções para quem já não pode ter outras*» (GARRETT, *Viagens*, p. 316). «*e disse para o agiota* [...] *Mais de três soldos por libra é usura intolerável*» (HERCULANO, *Monge* II, p.18) [DAC: 122]

Se o Dicionário da Academia peca, por vezes, por excesso, muitos outros dicionários pecarão por defeito. A Classificação Nacional de Profissões de 1994 do Instituto Nacional de Estatística, disponível *online*, refere apenas a forma masculina das profissões: embaixador, cônsul, diretor geral, secretário geral, diretor de serviços; operários, artífices e trabalhadores similares; analistas de sistemas e outros especialistas similares, são alguns exemplos.

Em contrapartida, os anúncios de oferta de emprego indicam maioritariamente o nome da profissão no masculino seguido de um parênteses coma a referência "masculino ou feminino" [ex: engenheiro civil (m/f); assistente de compras (m/f)]. Alguns já optam pela indicação de ambas as formas, como: vendedores/as comissionistas; delegados/as de informação médica.

Resultará esta mudança de atitude da alteração das leis laborais ou de uma consciência cívica? Obviamente que as leis laborais refletem as mudanças sociais; é a própria pressão social que impõe novas regras. A consciência cívica, essa forma-se quer pelas leis (imposição formal), quer pelos hábitos e usos socioculturais.

Linguisticamente não há qualquer razão impeditiva, na nossa língua, da formação do feminino dos nomes de profissões já referidos, pois é regra do masculino o morfema –o, substituindo-se pelo morfema –a no feminino. Em Português, ao contrário de outras línguas (por exemplo o Francês mantém a forma *maître* para advogado e advogada e o Inglês tem frequentemente que recorrer aos pronomes *he* e *she* para indicar os dois géneros e sexos no respeitante às profissões), temos a facilidade de indicar o género das palavras quer através de morfemas específicos do género, quer através do artigo definido, *e.g.*, *o jornalista; a jornalista.* Contudo, a tradição cultural tem maior peso, continuando a ser pouco aceite culturalmente as mulheres serem *leiteiras, pedreiras, mecânicas, carpinteiras* ou *mineiras.* Refira-se que, neste aspeto, podemos identificar diferenças entre o social e o cultural, uma vez que determinadas mudanças sociais não são aceites de imediato culturalmente. É necessário o agir do tempo, o mesmo é dizer a substituição das gerações, para que uma comunidade cultural assuma plenamente novos valores.

Como se equaciona, então, a relação de influência entre o uso e o sistema linguístico, no caso específico do género dos nomes de profissões? Penso que é o uso que se reflete no sistema, incorporando este as manifestações sociais e culturais de uma comunidade. O contrário leva a que o sistema linguístico registe formas que nunca serão pronunciadas.

Quando Maria de Lurdes Pintassilgo foi primeira-ministra de Portugal, em 1979, os portugueses inflamaram-se com a discussão do tratamento de primeira-ministra e muitos teimaram em chamar a Sr.ª Primeiro-ministro, tal como ainda alguns teimam em chamar a Sr.ª Juiz. Todavia, se hoje alguma primeira-ministra estrangeira visitar Portugal, os meios de comunicação social não hesitarão no tratamento de primeira-ministra.

Mudam-se os tempos, mudam-se as sociedades, mudam-se as profissões. A maior ou menor naturalidade com que se aceita a regularização no feminino, ou no masculino, de nomes de profissões tradicionalmente desempenhadas por um ou outro sexo é proporcional à aceitação sociocultural do desempenho de qualquer atividade profissional por um homem ou por uma mulher.

23. O papel integrador da norma-padrão[1]

É ao longo de todo o processo de educação e ensino que o aluno deverá atingir um nível linguístico de qualidade excelente. Contudo, tal nunca será uma realidade se os alunos continuarem a sofrer as consequências de um ensino atomístico da língua. Por um ensino atomístico da língua entenda-se o não serem proporcionadas unidades letivas integradoras das duas componentes linguísticas fundamentais – a estrutural ou gramatical e a discursivo-textual.

O objetivo primeiro do ensino-aprendizagem da língua portuguesa não pode ser em nenhum dos ciclos de ensino o de dominar uma extensa terminologia linguística que se aplique em oficinas de gramática de um proveito futuro duvidoso. O aluno do ensino obrigatório não deve ser nem um especialista nem um investigador da língua, deve sim tornar-se num proficiente utilizador da sua língua, capaz de intervir na vida social da sua comunidade.

Um bom conhecimento linguístico dá ao aluno a segurança de em qualquer situação e circunstância poder apresentar-se com um 'cartão de visita' em Português que lhe abra as portas do acesso à "vida ativa" em sociedade.

Mas para que todos possam apresentar-se com as mesmas credenciais linguísticas, fator de garantia de igualdade de oportunidades, é necessário que a nível do ensino-aprendizagem da língua portuguesa se dê relevo à norma-padrão. A norma-padrão pode constituir-se como um denominador linguístico comum que permita o desenvolvimento humanístico, o acesso à ciência e às inovações tecnológicas.

Não pretendemos defender o retorno à "norma dos escritores clássicos", não pretendemos valorizar um ensino à margem da variação linguística seja geográfica ou dialetal, seja social, nos seus diferentes registos – popular, familiar, padrão, culto. Todavia, consideramos de importância capital que o ensino-aprendizagem do Português seja orientado por uma conceção de norma-padrão que se oponha ao desvio e ao erro linguístico.

---

[1] Publicado no Suplemento de Educação, in *Correio dos Açores* (31.07.2009).

Não se deverá confundir o ensino da língua com o estudo científico da língua. Se todas as variedades diatópicas, diastráticas e diafásicas têm o mesmo valor linguístico a nível da investigação, já no que concerne ao ensino da língua, haverá que distinguir, sobretudo em casos de bidialetalidade mais acentuada, o que pertence ao português informal e que pode ser aplicado numa interação conversacional de cariz familiar, e quais as estruturas do Português formal que devem ser do conhecimento e do domínio de todos os alunos.

A valorização, a nível do ensino obrigatório, do idioleto do aluno, quando este se afasta significativamente da norma-padrão, é condená-lo ao não desenvolvimento linguístico; é condená-lo a não ser capaz de agir, no futuro, sempre que estiver em causa o domínio linguístico, que intervém, de um modo ou de outro, em todas as áreas socioprofissionais; é condená-lo a ser excluído da igualdade de oportunidades.

Tracemos as principais competências em Língua Portuguesa que o aluno deve possuir ao terminar o ensino obrigatório. O aluno deve ser capaz de:

a) interpretar textos com grau de dificuldade elevado;
b) distinguir a nível linguístico-discursivo o essencial do acessório;
c) organizar de modo lógico e coerente os conteúdos quer numa exposição oral, quer num texto escrito;
d) empregar um vocabulário extenso, com propriedade lexical e semântica;
e) expressar-se oralmente através de um discurso fluente;
f) redigir frases com coesão gramatical;
g) falar e escrever com correção morfológica;
h) escrever com correção ortográfica.

Encaramos o ensino-aprendizagem da Língua Portuguesa como pedra angular de todo o sistema educativo português. Não se pode pretender melhorar os resultados dos alunos a nível da língua materna, se, por um lado, não são criadas medidas que, quanto a nós, passam pelo estabelecimento de um programa mínimo para que o aluno obtenha aprovação na disciplina de Língua Portuguesa; se, por outro lado, não se motivarem todos os professores de todas as disciplinas para uma correta prática do Português, tanto da parte dos próprios professores como dos alunos.

24. O ensino do português – da gramática ao texto ou do texto à gramática? [1]

Reconhecer a importância da componente gramatical na disciplina de Português, nos Ensinos Básico e Secundário, é reconhecer que, sem o conhecimento das regras estruturantes da língua materna, os alunos não poderão apresentar um bom desempenho linguístico. A mediania exposta nos resultados dos exames nacionais que se reflete, presentemente, no rendimento escolar dos alunos, refletir-se-á, no futuro, no seu desempenho socioprofissional.

Defender a gramática como área fundamental no ensino da Língua Portuguesa não é hoje tarefa fácil. Das várias causas que podem ser apontadas como justificação para tal estado de coisas relevam-se, por um lado, a proliferação de experiências de adaptação dos mais variados modelos da gramática científica aos ensinos Básico e Secundário, por outro, a persistência de um ensino dogmático da gramática que tem desencorajado docentes e discentes a prosseguir no esforço de ensinar e aprender as regras que governam a nossa língua.

Para conhecer e dominar a língua materna, o aluno necessita de desenvolver a competência gramatical, a competência lexical e a competência textual, que interagindo se potenciam mutuamente. Um texto alicerça-se em regras gramaticais, e tal como uma frase não é uma frase se não respeitar determinadas regras sintáticas e semânticas, um texto não é um texto se não respeitar as regras da boa formação das frases que o constituem, a par de princípios de coerência e de coesão.

Sendo, pois, a competência gramatical alicerçante da competência textual, e observando a produção textual média dos alunos portugueses,

---

[1] Texto integralmente publicado nas *Atas do 6.º Encontro da Associação de Professores de Português*. Lisboa, 2005. [Pub. em CD].

temos de concluir que os alicerces não têm vindo a ser construídos com resistência sísmica.

O principal objetivo da presente comunicação é refletir sobre a relação entre a gramática e o texto nos ensinos Básico e Secundário, apresentando algumas sugestões que permitam fortificar os alicerces linguísticos dos alunos. As propostas que apresentamos são fruto da nossa experiência letiva em Seminários de professores-estagiários das licenciaturas de Português / Inglês (ensino de) e de Português / Francês (ensino de) da Universidade dos Açores, bem como do contacto com os docentes dos Ensinos Básico e Secundário através de ações de formação, conferências e palestras.

A sedimentação do conhecimento das estruturas gramaticais básicas do Português deverá processar-se ao longo do 2.º e do 3.º Ciclos do Ensino Básico, acompanhando o desenvolvimento cognitivo próprio dessas faixas etárias.

A afirmação precedente levar-nos-ia a defender, para estes níveis de ensino, partir-se da gramática para o texto, acentuando-se a prática de oficinas gramaticais, com exemplos fechados de reconhecimento, substituição e transformação de um dado conteúdo. Ora, o treino sistemático e sistematizado é fundamental para que um determinado comportamento ou conhecimento, neste caso linguístico, seja adquirido, no entanto nada há de mais estéril do que repetirmos continuamente frases do tipo "O João comeu a maçã.", "Foi o João quem comeu a maçã.", "A maçã foi comida pelo João.", e assim por diante. Em contrapartida, "Adão comeu a maçã." para além de ser uma frase gramatical, exemplo da construção transitiva do verbo *comer*, é, num dado universo, uma frase portadora de sentido, logo um enunciado culturalmente pertinente na sociedade ocidental de matriz judaico-cristã.

Na oficina de gramática, poder-se-á recorrer a exemplos extraídos de textos, de situações do quotidiano, que mesmo descontextualizados guardam significância. Se os exemplos incorporados nos manuais tradicionais pecavam pelo excesso de eruditismo, os exemplos de muitos dos manuais atualmente em circulação pecam pela banalidade. Se os nossos alunos são continuamente bombardeados com exemplos banais, só estarão aptos para construir textos e discursos igualmente banais.

Não deveremos pretender que os alunos do Ensino Básico, sublinhe-se Básico, sejam investigadores da língua, deveremos sim possibilitar-lhes os meios para se expressarem com fluência e correção quer através da língua oral, quer através da língua escrita.

Assim, contrariando algumas correntes científicas e didáticas, defendemos que a exploração dos conteúdos gramaticais se faça através do texto e que no treino gramatical ou nas oficinas de gramática se recorra a exemplos culturalmente válidos. Não se entenda com a precedente afirmação que projetamos um ensino atomístico dos conteúdos gramaticais ao sabor do conjunto de textos que vão surgindo nos manuais. Pelo contrário, só um estudo sequencializado dos conteúdos gramaticais, com maior atenção para a morfossintaxe e a exploração da gramática da frase, poderá contribuir para um melhor desempenho linguístico dos alunos entre o 5.º e o 9.º anos.

Então, chegou o momento de nos perguntarmos como articular a gramática com o(s) texto(s) e o(s) texto(s) com a gramática. Em termos da articulação dos conteúdos e dos textos, a seleção dos últimos deverá respeitar a ordem dos conteúdos gramaticais pré-estabelecida. Exemplifiquemos, se o objeto de análise gramatical for a frase simples não deverá no texto selecionado para praticar esse conteúdo predominar a frase complexa, ou se se tratar do adjetivo, no texto deverão reconhecer-se as suas possibilidades morfológicas e sintáticas. No ponto 3. apresentamos exemplos das virtualidades da inter-relação entre a gramática e o texto.

A relação entre gramática e texto nos manuais de Língua Portuguesa, para o 2.º e 3.º Ciclos, tem necessariamente de ser alterada sobretudo no que respeita aos conteúdos gramaticais. Para tornar os manuais mais atraentes aos olhos dos alunos, fizeram-se operações de cosmética, e de tal modo os conteúdos gramaticais foram disfarçados ou enfeitados, que, por vezes, temos dificuldade em dar por eles ou em dar com eles. Quando analisamos alguns manuais de Português, do 5.º ao 9.º anos, fica-nos a amarga sensação de que os alunos dificilmente poderão terminar o atual ensino obrigatório com um bom conhecimento das regras que governam a sua língua, por ser, quase sempre, insuficiente o tratamento dado aos conteúdos gramaticais aí esboçados.

Haverá, então, que estabelecer uma ordem sequencial para os conteúdos gramaticais, distinguindo-se conteúdos mínimos exigíveis para a transição de ano. (…)

É importante que os alunos desenvolvam a sua competência gramatical, e que ao chegarem ao 9.º ano sejam capazes de identificar e de aplicar, em diferentes contextos, a correta forma das palavras (componente ortográfica, fonológica e morfológica), o modo como elas se combinam na frase, como as frases se relacionam entre si (componente sintática) ou como as palavras se relacionam semanticamente (componente semântica), para que estejam preparados a prosseguir para o domínio de estruturas maiores do que a frase: o texto.

Na exploração dos conteúdos gramaticais, o professor terá necessariamente de recorrer a regras, a quadros-súmula auxiliares do estudo dos alunos, mas que esses quadros e definições não surjam como receituários; que as súmulas gramaticais surjam sempre no fim do estudo de um dado conteúdo gramatical, depois de os alunos terem observado o seu funcionamento em diferentes enunciados. Esta abordagem não tem por objetivo disfarçar a gramática, tem sim o objetivo de os alunos adquirirem os conhecimentos das estruturas básicas da sua língua através da sua funcionalidade.

Uma abordagem gramatical que assente na descrição e classificação exaustivas de conteúdos gramaticais não tem surtido efeito a nível dos conhecimentos linguísticos dos alunos dos Ensinos Básico e Secundário, sendo esta a principal razão para que se proponha a interação da gramática com o texto, de forma a que o aluno compreenda que pode, por exemplo, dizer quase o mesmo através de estruturas distintas, como é o caso do texto A, onde predomina a frase simples e o texto B onde predomina a frase complexa, ou que, contactando quotidianamente com estruturas maiores do que a frase – o texto, possa por si próprio reconhecer conteúdos já aprendidos e reaplicá-los. [1]

A.

Os atletas preparam-se. Aguardam nervosamente o sinal de partida. Na pista 3, o atleta faz falsa partida. Todos o seguem. Avançam alguns metros. Param, voltam aos lugares. Recomeçam os preparativos. Aguardam alguns segundos mais. Uma falsa partida deixa todos os atletas nervosos. E ele não quer perder o controle. Anseia conquistar a medalha de ouro.

B.

Os atletas preparam-se e aguardam nervosamente o sinal de partida. Na pista 3, o atleta faz falsa partida, mas todos o seguem, avançando alguns metros. Quando param, voltam aos lugares. Não só recomeçam os preparativos, como aguardam alguns segundos mais, porque uma falsa partida deixa todos os atletas nervosos. E ele não quer perder o controle, pois anseia conquistar a medalha de ouro.

O sentido do texto A não se alterou ao proceder-se à substituição de frases simples, justapostas, por frases complexas, no entanto explicitaram-se as relações lógico-semânticas implícitas no texto A, tornando-o mais claro. Por exemplo, a relação de causalidade explícita na última frase do texto B, já se encontra implícita nas últimas duas frases do texto A. Ambos os textos têm a utilidade de demonstrar a relação interfrásica, promovendo a criatividade linguística e orientando o aluno para a seleção das estruturas mais adequadas. Fizemos o teste a alunos de diferentes anos do Ensino

---

[1] Optámos por sequências textuais curtas, de modo a permitir a inclusão de um maior número de exemplos. A dimensão dos textos poderá variar de acordo com o nível dos alunos e com o grau de complexidade dos conteúdos. Sugerimos, todavia, textos curtos para os alunos com um menor nível linguístico, bem como para os conteúdos mais simples.

Básico e a maioria concluiu que o texto A era pouco natural, porque "nós não falamos assim".

Este tipo de exercício poderá ser feito para qualquer conteúdo gramatical, optando o professor por textos de autor ou pela construção e reconstrução de textos, meio eficaz para os alunos lidarem melhor com a escrita.

É fundamental que a análise dos conteúdos gramaticais não surja descontextualizada. O aluno deve compreender que, por exemplo, ao serem associadas as formas verbais ou a correlação temporal e modal aos diferentes tipos de texto (narrativo, descritivo e argumentativo), essa associação lhe trará vários benefícios: reconhecerá o tipo de texto e reconhecendo-o melhor interpretará a intenção nele expressa; tomá-lo-á como exemplo a seguir, caso necessite produzir o mesmo tipo de texto.

Desde o 2.º Ciclo, o aluno deve associar o *contar*, função primeira do texto narrativo, ao pretérito perfeito simples do indicativo (texto C); deve reconhecer que o pretérito imperfeito simples do indicativo poderá, com verbos de movimento, associar-se ao contar, tendo também um valor narrativo (texto D), mas que, sobretudo com verbos estativos e com valor durativo, se associará ao *descrever*, função do texto descritivo (texto E).

C.

Por fim Afonso **ergueu-se**; esteve olhando abstraidamente a quinta, os pavões no terraço; depois ao sair da sala tomou o braço de Vilaça, **apoiou-se** nele com força, como se lhe tivesse chegado a primeira tremura da velhice, e no seu abandono sentisse ali uma amizade segura. **Seguiram** o corredor, calados. [1]

---

[1] Extraído de *Os Maias*, de Eça de Queirós.

D.

Derrubávamos os pêssegos, os cestos de figos, **corríamos**, eu e o
António Verde, por entre os alguidares e as canastras, nos dias de
mercado, orelhada aqui, raspanete ali, caminhos de transgressão,
os ralhos, os gritos, o horizonte quimérico além do rio. [1]

E.

E durante o dia o Rapaz de Bronze não se **podia mexer** e **tinha
que estar** muito quieto, sempre na mesma posição, porque **era**
uma estátua. Mas durante a noite ele **falava, mexia, caminhava,
dançava**, e **era** ele quem **mandava** nos pomares e no campo. E
todas as árvores e todos os animais e todas as plantas lhe
obedeciam porque ele **era** o senhor do jardim e o rei da noite. [2]

A partir do 9.º ano, as formas de conjuntivo poderão conjugar-se com o
estudo do texto argumentativo, cuja função persuasiva, assente no princípio
retórico da conquista da benevolência do auditório, orienta para o recurso a
conectores de valor concessivo, a maioria dos quais impõe o modo
conjuntivo. Leia-se o texto F.

F.

O 25 de Abril, quer dizer, umas Forças Armadas e um povo que
sabiam onde *efectivamente estamos*, num contexto de ocidentalidade
orgânica e fatal (para tempos previsíveis), iria reajustar a imagem
revolucionária, exterior e interior, à nossa dimensão e à nossa
carência económica que aos poucos se tornou a única verdade que
os Portugueses sentem, embora como de costume a ela se não
adaptem, procurando em novos mitos o perfil de uma dignidade
que ninguém assume na dependência orgânica de outrem. [3]

Neste limitado excerto de O *Labirinto da Saudade*, a frase concessiva
"embora como de costume a ela se não adaptem" é o único sinal positivo no
retrato de Portugal e dos portugueses que aí é traçado. Esse sinal positivo

---

[1] Extraído de *Desta Água Beberei*, de Urbano Tavares Rodrigues.

[2] Extraído de *O Rapaz de Bronze*, de Sophia de Mello Breyner.

[3] Extraído de *O Labirinto da Saudade*, de Eduardo Lourenço.

atrai o leitor, permitindo-lhe identificar-se com o grupo dos portugueses que não se adaptam, entenda-se não se submetem, à carência económica que "se tornou a única verdade que os portugueses sentem".

Continuando a exploração das potencialidades da inter-relação entre a frase complexa e o texto argumentativo, ao longo do Ensino Secundário poderão ser analisados os valores das conexões interfrásicas, relacionando-se estruturas sintáticas com valores semânticos e pragmáticos. Tendo por função persuadir o interlocutor, e fazê-lo mudar de opinião, aceitando para si próprio a opinião do locutor, os argumentos, no texto argumentativo, encadeiam-se ora por simetria e analogia, ora por refutação e oposição; vão-se estabelecendo relações de causa / efeito justificativas da posição do locutor, com o objetivo de conquistar a concordância do interlocutor. Atente-se no texto G.

G.

Pontualmente, a nossa língua é ainda utilizada na Organização Mundial de Saúde, na tradução de documentos de âmbito regional.

Dir-se-á que é pouco e é verdade. **Mas** trata-se de um começo e o exemplo da UNESCO pode vir a ser contagioso. Temos de estar mais atentos e de ser mais persistentes e audaciosos, **pois** a nossa língua merece-o, **se** não quisermos ficar a carpir mágoas neste jardim à beira-mar plantado. [1]

Neste pequeno excerto, encontramos um conetor adversativo, marcando oposição (*mas*), um conector explicativo (*pois*) e um conector condicional (*se*). As conexões estabelecidas pelos três conetores relacionam-se com a própria estrutura do texto argumentativo: apresentar uma *tese*, um princípio (*Dir-se-á que é pouco e é verdade.*), suceder-lhe a *antítese* (*Mas trata-se de um começo...*) e finalmente a *síntese* (*Temos de estar mais atentos e de ser mais persistentes e audaciosos*). Para a síntese, tese defendida pelo autor, concorrem

---

[1] Extraído de "A Língua Portuguesa no Mundo", de José Augusto Seabra.

ainda a conexão explicativa (*pois a nossa língua merece-o*) e a conexão condicional (*se não quisermos ficar a carpir mágoas neste jardim à beira-mar plantado.*), que faz da conclusão-tese (*Temos de estar mais atentos...*) um ato ilocutório diretivo – apela-se ao contributo de todos para que a nossa língua ultrapasse as fronteiras do retângulo luso.

A coesão frásica e interfrásica, a par da coerência temática, referencial e temporal, estudadas no Ensino Secundário, pressupõe que os alunos já tenham adquirido e sistematizado informação gramatical de base, nos anos precedentes. Sem bases gramaticais, sobretudo o estudo da coesão textual frásica e interfrásica não poderá produzir resultados positivos.

O primeiro dos sete "mandamentos" da ação pedagógica do professor de Português, enumerados no Relatório Preliminar do projeto "Português 2002" da Associação de Professores de Português (APP), consagra a necessidade de o professor "Conhecer e dominar a língua". Não podemos deixar de reconhecer nesse mandamento o objetivo fundamental do ensino da língua materna – fazer com que o aluno conheça cada vez melhor a sua língua para a dominar e dominando-a possa tornar-se ator social, desempenhando os vários papéis determinantes do exercício da cidadania.

Os exemplos apresentados, necessariamente limitados, pretendem demonstrar que o texto objetiva uma importante finalidade do estudo da gramática – permitir que os alunos saibam reconhecer e encadear estruturas linguísticas complexas, de modo a que a sua linguagem não seja limitada, nem, parafraseando Wittgenstein, limite o seu mundo.

Esperamos que as reflexões aqui expressas possam despertar o interesse nos professores de Português dos Ensinos Básico e Secundário. Que os professores de Português se sintam motivados a desenvolver nos alunos a competência gramatical, pedra angular do conhecimento da língua materna. Se os alunos continuarem a desconhecer a gramática da sua língua, se continuarem a finalizar o ensino obrigatório sem terem atingido competências mínimas para um adequado desempenho linguístico, o ensino da Língua Portuguesa não estará a cumprir um importante papel que lhe está destinado: ser suporte transversal de saberes; ser o meio e não o fim da aquisição de conhecimentos.

No Relatório Mundial da Educação da UNESCO (1998) pode ler-se:

> [A escola] está hoje a tornar-se cada vez mais numa fonte de [diferenças e desigualdades sociais e económicas], numa economia global que privilegia os que possuem maiores aptidões e limita as oportunidades dos que não as têm.

Outra consequência direta do nível de Português dos nossos alunos, muitas vezes abaixo do mediano, é a de o ensino estar a promover cada vez mais as fissuras sociais e económicas acima referidas.